PROF

Collection dir

Rachel

Les Fausses Confidences

MARIVAUX

KARINE BÉNAC
Agrégée de Lettres modernes

© HATIER PARIS AOÛT 1999   ISSN 0750-2516   ISBN 2-219-**72934-2**

2 SOMMAIRE

›mmaire

Cinq lectures méthodiques

Édition : Luce Camus
Maquette : Tout pour plaire
Mise en page : D. Lemonnier

FICHE PROFIL

Les Fausses Confidences (1737)

Marivaux (1688-1763)

Théâtre   XVIIIe siècle

RÉSUMÉ

Dubois, ancien valet de Dorante et valet actuel d'Araminte, une riche bourgeoise, a mis au point un stratagème pour obtenir le mariage entre Araminte et Dorante. Dorante, en effet, est éperdument amoureux d'Araminte, mais il est trop pauvre pour prétendre l'épouser.

La situation est d'autant plus délicate que la mère d'Araminte, Mme Argante, souhaite voir sa fille épouser le comte Dorimont afin qu'elle puisse entrer dans la noblesse. Le Comte, avec qui Araminte est en procès, souhaite également se marier avec la jeune femme.

Dorante obtient par son oncle, M. Remy, un poste d'intendant chez Araminte. Là, Dubois et lui parviennent, à la suite de toute une série de machinations et de fausses confidences, à vaincre peu à peu tous les obstacles séparant Araminte de Dorante. De leur côté, Mme Argante et le Comte n'hésitent pas à tout tenter pour faire triompher leurs propres intérêts, grâce notamment à l'aide de Marton, suivante d'Araminte.

Araminte, dans l'acte II, commence par obliger Dorante à se déclarer. Elle finit par se déclarer elle-même dans l'acte III. À ce moment-là, Dorante fait découvrir à Araminte, de manière inattendue, les dessous de l'affaire et le complot amoureux dont elle a été l'objet. Il trahit ainsi Dubois, et prend le risque de perdre définitivement la jeune femme. Mais celle-ci, après réflexion, lui pardonne.

PERSONNAGES PRINCIPAUX

– Dubois : Valet d'Araminte et ancien valet de Dorante. Héritier de la tradition du valet du théâtre français, à la fois astucieux et dévoué.

– Dorante : Jeune bourgeois ruiné. Il devient l'intendant d'Araminte pour se rapprocher de la jeune femme dont il est amoureux.

– **Araminte :** Jeune et riche veuve. Elle se débat dans la pièce entre les visées de sa mère et du Comte d'une part, celles de Dubois d'autre part. Elle finit par répondre à l'amour de Dorante.

– **Mme Argante :** Mère d'Araminte. Femme acariâtre et dépourvue de scrupules. Elle souhaite voir sa fille devenir noble.

– **Marton :** Suivante d'Araminte, mais qui sert par amour de l'argent le parti du Comte et de Mme Argante. Elle aussi aime Dorante.

– **Le Comte :** Aristocrate, prétendant d'Araminte. Personnage assez effacé, mais prêt à acheter tous ceux qui peuvent servir ses intérêts.

CLÉS POUR LA LECTURE

1. Les «fausses confidences»

Procédé mis au point par Dubois, les «fausses confidences» servent à manipuler Araminte pour l'amener à aimer Dorante, à le reconnaître et à vouloir l'épouser.

2. Les jeux de l'amour

La particularité des jeux de l'amour vient du décalage entre Dorante et Araminte. Araminte, informée par Dubois de l'amour de Dorante, croit pouvoir jouer de la situation. En réalité, Dorante exploite le fait qu'Araminte croit tout savoir, pour la séduire à son insu. Les jeux de l'amour sont donc faussés par la ruse de Dubois et de Dorante qui ont tout organisé à l'avance : il n'y a guère de place dans cette comédie pour une véritable spontanéité du langage et des sentiments.

3. Un théâtre cruel

L'attitude sans pitié de Dubois vis-à-vis d'Araminte, l'impossibilité pour Araminte de choisir réellement Dorante, les mensonges dont elle est la dupe sont autant d'éléments de la cruauté.

4. Les relations entre maîtres et valets

Leurs rapports sont très ambigus : le serviteur gagne en autonomie, sert avec dévouement son maître, mais il est trahi par lui au dénouement.

5. Le pouvoir de l'argent

L'argent joue dans la pièce un aussi grand rôle que l'amour. Les oppositions entre riches et pauvres y sont très marquées. Les personnages peuvent toujours être suspectés d'agir au nom de leur intérêt, y compris Dorante, bien qu'il se présente comme désintéressé.

PREMIÈRE PARTIE

Résumé
et repères
pour la lecture

Deux scènes d'exposition

RÉSUMÉ

Dorante entre chez Mme Argante. Il est reçu par Arlequin qui lui propose de lui tenir compagnie (I, 1). Dubois arrive après le départ d'Arlequin, et une longue discussion s'engage entre les deux hommes. Dorante rappelle les liens anciens qui l'unissent à Dubois, puis souligne son adhésion au plan que le valet a mis en place pour qu'il puisse conquérir Araminte qu'il aime. Suit un échange plaisant au cours duquel Dubois rassure Dorante et cherche à écarter ses craintes concernant la réussite de leur projet et la réalisation du mariage (I, 2).

REPÈRES POUR LA LECTURE

Deux scènes d'exposition

Ces deux scènes nous présentent, à travers le dialogue des personnages, l'essentiel de l'intrigue et les relations unissant les deux personnages principaux, Dubois et Dorante. Nous apprenons ainsi trois choses : la manière dont Dorante a réussi à s'introduire chez Araminte ; la raison pour laquelle il craint d'échouer (sa pauvreté) ; la confiance que Dubois met en son plan.

Le projet de mariage avec Marton

RÉSUMÉ

Monsieur Remy, oncle de Dorante et procureur d'Araminte, s'entretient avec Dorante. Il lui raconte l'histoire de Marton, puis lui conseille de songer à épouser la jeune femme et de ne pas compter sur son héritage (I, 3). M. Remy présente ensuite Marton et Dorante l'un à l'autre, et ne tarde pas à décider leur mariage avec le consentement de Marton (I, 4). Marton et Dorante se retrouvent seuls, et Marton propose à Dorante de disposer Araminte en sa faveur (I, 5).

Un allié inespéré

M. Remy apparaît ici comme un allié inespéré de Dorante. En effet, il lui permet d'appliquer immédiatement la consigne que Dubois lui avait donnée (I, 2) : «[...] tâchez que Marton prenne un peu de goût pour vous». Le gain est double : d'une part la rivalité de Marton avec Araminte prend sa source ici ; d'autre part Marton servira, sans le savoir, les intérêts de Dorante en plaidant sa cause auprès d'Araminte pour qu'elle l'engage comme intendant.

ACTE I, SCÈNES 6 ET 7

Présentation de Dorante à Araminte

RÉSUMÉ

Araminte observe Dorante passer sur la terrasse et manifeste pour lui un vif intérêt. Marton lui apprend qu'il est l'intendant recommandé par M. Remy (I, 6), puis elle fait entrer Dorante. Araminte le questionne et reconnaît son «mérite» (I, 7).

REPÈRES POUR LA LECTURE

La première rencontre

La première rencontre entre Araminte et Dorante dévoile l'intérêt qu'ils se portent l'un à l'autre. Araminte témoigne à Dorante des attentions : «On vous montrera l'appartement que je vous destine ; s'il ne vous convient pas, il y en a d'autres, et vous choisirez» (I, 7). Elle le traite presque comme un égal.

Quant à Dorante, il ménage habilement les compliments à Araminte, l'humilité, et le sentiment de sa propre valeur.

Arlequin, valet de Dorante

RÉSUMÉ

Marton propose de mettre Arlequin au service de Dorante. Survient un quiproquo amusant, dû à la bêtise d'Arlequin qui ne comprend pas les propos d'Araminte et croit qu'elle ne veut plus de ses services (I, 8). Arlequin s'étonne avec insolence d'être au service d'un maître qui est lui-même un valet, et il réclame de l'argent à Dorante pour le reconnaître comme son maître. Celui-ci s'exécute (I, 9).

REPÈRES POUR LA LECTURE

Arlequin, un valet balourd

Arlequin est par excellence un personnage comique chargé de distraire le spectateur. Ici, le comique est réduit à la bêtise et la cupidité du valet. Cependant, son propos n'a pas perdu toute portée critique. En effet, les comparaisons qu'il fait entre lui et Dorante mettent en évidence le rôle particulier de la fonction de Dorante, domestique servi comme un maître : « Je serai le valet qui sert, et vous le valet qui serez servi par ordre » (I, 9).

Le complot de Mme Argante et de Marton

RÉSUMÉ

Survient Mme Argante, la mère d'Araminte. Elle expose à Dorante ce qu'elle attend de lui, en lui expliquant la situation actuelle de sa fille : Araminte est en procès avec le comte Dorimont ; le procès sera évité si Araminte et le Comte se marient. Une telle union anoblirait Araminte, ce qui ferait le bonheur de Mme Argante. Celle-ci souhaite donc que Dorante convainque Araminte que le procès est perdu d'avance, et que le mariage serait donc la meilleure solution. Dorante refuse tout procédé malhonnête, ce qui plonge Mme Argante dans une grande colère (I, 10). Suit une discussion entre Marton et Dorante, au cours de laquelle Marton tente de rendre Dorante aux raisons de Mme Argante. Elle finit par lui avouer qu'elle a elle-même intérêt à ce que le mariage se fasse : le Comte lui a promis de l'argent pour la récompenser de son aide (I, 11).

REPÈRES POUR LA LECTURE

Mme Argante : un personnage ridicule

Mme Argante apparaît tout au long de la scène 10 comme un personnage ridicule par le caractère excessif, outrancier de ses propos, par son caractère colérique, ombrageux et naïf à la fois. Son rêve d'anoblissement ainsi que son caractère acariâtre font d'elle l'héritière des personnages de mères de Molière.

Le rôle de l'argent

Le rôle de l'argent paraît déjà essentiel dans ces deux scènes, puisque Marton choisit ses intérêts contre ceux de sa maîtresse.

ACTE I, SCÈNE 12

Premier tête-à-tête d'Araminte et de Dorante

RÉSUMÉ

Araminte confie à Dorante sa situation avec le comte Dorimont. Dorante lui répond en lui racontant la scène qui vient d'avoir lieu avec Mme Argante, et le complot que celle-ci a organisé. Araminte se montre satisfaite de l'honnêteté de Dorante, et s'engage à le protéger.

REPÈRES POUR LA LECTURE

Les progrès de l'amour

La décision d'Araminte de protéger Dorante indique combien le jeune homme lui plaît. L'attitude de Dorante, fondée sur le dévouement absolu, porte ses fruits.

Les «fausses confidences» de Dubois

RÉSUMÉ

Araminte et Dorante sont interrompus par Dubois qui demande à Araminte un entretien particulier (I, 13). Dubois se livre ensuite à sa première «fausse confidence»: il révèle à Araminte qu'elle est celle dont Dorante est amoureux, et il lui raconte toutes les circonstances du coup de foudre. Araminte décide finalement de garder Dorante en affirmant qu'il pourrait revenir à la raison à force de la voir (I, 14).

REPÈRES POUR LA LECTURE

La stratégie de Dubois

Toute l'attitude de Dubois révèle à quel point il est un excellent comédien. Il sait en effet jouer de tous les sentiments d'Araminte : curiosité, amour-propre, compassion. Ses jeux de scène et sa verve font de son récit un morceau de bravoure, où Dorante apparaît sous le double portrait d'un parfait gentilhomme et d'un amoureux romanesque et follement épris.

La mauvaise foi d'Araminte

Le choix final d'Araminte, de garder Dorante en arguant qu'il s'accoutumera à la voir, montre à quel point l'amour progresse chez l'héroïne. En même temps, un tel choix montre combien elle fait preuve de mauvaise foi pour trouver le moyen de garder Dorante sans avouer ses vraies raisons devant Dubois.

Deuxième tête-à-tête d'Araminte et de Dorante

RÉSUMÉ

Dorante revient. Araminte hésite à le garder en lui expliquant qu'elle avait promis au Comte de prendre l'intendant qu'il lui enverrait. Dorante manifeste sa tristesse, et insiste pour qu'elle le garde. Araminte cède.

Les doutes d'Araminte

Cette scène met bien en évidence les doutes d'Araminte. On sait qu'il n'est pas conforme aux bienséances qu'une riche maîtresse de maison épouse son intendant. Araminte se trouve donc, d'une part, confrontée aux bienséances, d'où son hésitation ; mais, d'autre part, elle sent grandir en elle le désir de garder Dorante. C'est cette décision qui prévaut, preuve que le sentiment amoureux continue à faire son chemin : « Eh ! mais, oui ; je tâcherai que vous restiez, je tâcherai. »

ACTE I, SCÈNE 16
La complicité entre Dubois et Dorante

RÉSUMÉ

Il s'agit d'une courte scène de transition. Dorante manifeste sa joie devant le bon déroulement des événements. Dubois résume rapidement la conclusion apportée par Araminte à leur discussion.

REPÈRES POUR LA LECTURE

La bonne marche du plan

Les répliques des deux hommes montrent combien ils sont satisfaits.

La différence entre le contentement dont fait preuve Dorante, et l'attitude humble et inquiète qu'il manifestait devant Araminte à la scène précédente, suggère à quel point lui aussi joue bien la comédie.

ACTE I, SCÈNE 17
Dubois suscite la jalousie de Marton

RÉSUMÉ

Dubois feint une attitude critique par rapport à Dorante. Marton s'empresse de prendre la défense de l'intendant. Dubois lui affirme ensuite que Dorante est amoureux d'Araminte, et que c'est la raison de sa venue. Marton répond par la moquerie et le rire, et sort. Dubois clôt le premier acte sur l'annonce des machinations à venir.

REPÈRES POUR LA LECTURE

La jalousie féminine

Cette scène fait écho à la scène 2, dans laquelle Dubois disait à Dorante à propos de Marton : «À propos, tâchez que Marton prenne un peu de goût pour vous. L'amour et moi nous ferons le reste.»

La première phase du projet a été accomplie. Dubois met ici en route la seconde : il suscite la jalousie de Marton, afin que sa rivalité avec Araminte pousse cette dernière dans ses retranchements.

ACTE II, SCÈNE 1

Un échange de fausses confidences

RÉSUMÉ

Cette scène ouvre le deuxième acte. Araminte fait part à Dorante de ses réticences à l'idée d'annuler son mariage avec le Comte. Dorante manifeste son affliction. Il propose ensuite d'envoyer Dubois sur une des terres d'Araminte. Celle-ci s'y oppose et demande à Dorante s'il est exact que Dubois a été son valet. Dorante paraît embarrassé en répondant à la question.

REPÈRES POUR LA LECTURE

Les «fausses confidences» d'Araminte

Araminte soumet Dorante à une épreuve afin d'observer ses réactions.

Ainsi, lorsqu'elle lui annonce qu'elle se défera de lui si elle se marie, elle peut observer la tristesse de Dorante. En effet, la didascalie «*tristement*» indique quelle est l'attitude de Dorante à cet instant.

Les «fausses confidences» de Dorante

Dorante pratique la fausse confidence pour obéir au plan de Dubois. Le jeune homme feint de vouloir éloigner son ancien valet. Par là, il laisse entendre qu'il craint une dénonciation de sa part, ce qui confirme aux yeux d'Araminte les dires de Dubois, selon lesquels Dorante aurait pris la décision de devenir son intendant pour se rapprocher d'elle.

L'intérêt de cet échange réside dans le fait qu'Araminte croit se jouer de Dorante, alors qu'en réalité, c'est Dorante qui se joue d'Araminte.

ACTE II, SCÈNE 2

La proposition de mariage

RÉSUMÉ

M. Remy entre et prie Araminte de lui rendre son neveu Dorante. Devant le refus de Dorante, il explique ses raisons : une riche inconnue propose d'épouser son neveu. Dorante refuse en arguant du fait qu'il aime quelqu'un d'autre. M. Remy le raille de sa résistance. Araminte le défend tout en cherchant à le convaincre, et finit par sortir tout émue.

REPÈRES POUR LA LECTURE

Un merveilleux hasard

L'annonce d'un riche mariage proposé par une «jolie femme» fait trop bien écho à la «grande brune très piquante» dont parlait Dubois (I, 14) pour être le fruit d'un merveilleux hasard. Comme cette proposition vient à point nommé pour valoriser Dorante et son désintéressement, et exciter la jalousie d'Araminte, on peut penser qu'elle est l'œuvre d'une machination de Dubois. L'efficacité de cette machination est évidente, puisque Araminte sort sur un aparté témoignant de son émotion : «Il me touche tant, qu'il faut que je m'en aille.»

Dorante, un personnage romanesque

Dorante est désintéressé et s'exprime avec passion et emphase : «mon amour m'est plus cher que ma vie».

Malgré tout, le spectateur sait, lui, la raison pour laquelle Dorante refuse l'inconnue : il espère obtenir Araminte. De sorte que son désintéressement apparent cache peut-être des vues intéressées.

M. Remy et la conception bourgeoise de l'amour

Le langage et la logique de M. Remy contrastent comiquement avec ceux de Dorante. M. Remy véhicule une conception bourgeoise de l'amour, qu'il considère, de manière «raisonnable», comme une alliance d'intérêts économiques. Ses moqueries à l'égard de Dorante, ses injures, témoignent de sa stupéfaction et de son incompréhension envers l'attitude chevaleresque et désintéressée de Dorante.

ACTE II, SCÈNE 3

Le quiproquo

RÉSUMÉ

M. Remy accuse Marton d'être la cause du refus opposé par Dorante au beau mariage proposé par l'inconnue. Il lui demande de faire revenir Dorante sur sa décision. Au lieu de cela, Marton se montre très touchée de la réaction de Dorante et fait à celui-ci une déclaration d'amour. M. Remy se moque de l'ardeur de ses sentiments pour quelqu'un qu'elle connaît à peine, et ne tarde pas à sortir, excédé par l'attitude de Marton comme par celle de son neveu.

REPÈRES POUR LA LECTURE

Une scène de quiproquo

Marton comme M. Remy croient que Dorante refuse le riche parti pour l'amour de Marton, alors qu'il n'en est rien. C'est d'ailleurs un quiproquo assez cruel pour Marton, qui est dupée au moment où elle paraît s'abandonner sincèrement à l'amour.

Le personnage de Marton

C'est un personnage pour qui l'argent est un enjeu déterminant. En effet, elle commence par approuver l'idée de M. Remy selon laquelle on ne peut refuser un mariage d'argent, avant d'exprimer une reconnaissance éperdue pour Dorante dont elle pense qu'il a refusé pour elle la riche inconnue. Le ressort constant de sa conduite paraît donc bien être un grand amour de l'argent : elle aime Dorante en raison du sacrifice financier qu'il aurait consenti pour elle.

Le complot du Comte

RÉSUMÉ

Le Comte s'entretient avec Marton. Il propose d'offrir de l'argent à Dorante pour qu'il dissuade Araminte de plaider. Marton l'en dissuade à son tour en alléguant le désintéressement de Dorante.

REPÈRES POUR LA LECTURE

Le personnage du Comte

C'est l'unique scène de la pièce où le Comte apparaît sans Mme Argante. Mais il n'est pas présenté ici sous un jour très flatteur, puisqu'il souhaite mentir à Araminte et soudoyer Dorante. De plus, son ton vis-à-vis de Dorante, qui est un roturier, est extrêmement méprisant («ces gens-là»). Enfin, il n'exprime pas ses propres sentiments.

ACTE II, SCÈNES 5, 6, 7, 8

Introduction à l'affaire du portrait

RÉSUMÉ

À la scène 5, Arlequin entre pour annoncer qu'un homme en cherche un autre. Marton demande à parler à cet homme inconnu.

À la scène 6, le garçon entre et explique qu'il vient rendre un portrait et une boîte à un «certain Monsieur» qui doit se trouver là, et dont il ne connaît pas le nom. Le Comte déclare qu'il n'est pas le «Monsieur» en question. Le garçon affirme qu'il s'agit du portrait d'une dame, ce qui intrigue le Comte.

À la scène 7, Marton suggère au garçon que le nom du «Monsieur» est Dorante, affirme qu'elle est la dame représentée par le portrait, et se propose de le remettre à son destinataire. Le garçon accepte.

À la scène 8, Dorante informe Marton qu'Arlequin l'a averti que quelqu'un le cherchait. Marton exprime son contentement devant un Dorante qui feint de ne pas comprendre. Dorante sort sur un aparté exprimant sa satisfaction devant la crédulité de Marton.

La bêtise d'Arlequin

La bêtise d'Arlequin éclate à la scène 5, à travers le caractère totalement vague et imprécis de ses propos : «[...] un homme qui en demande un autre». Au lieu d'informer, Arlequin embrouille immédiatement la situation. En outre, c'est lui qui demande des renseignements au lieu d'en donner : «[...] savez-vous qui c'est ?»

La rapidité de l'action

L'action est très rapide et rythmée, et laisse deviner à l'arrière-plan une parfaite orchestration de Dubois.

Une intrigue riche de suspens

L'intrigue se révèle très complexe, et laisse souvent planer le suspens. Ainsi, la bêtise d'Arlequin diffère le moment où l'on apprend qui est l'inconnu. Ensuite, l'anonymat du propriétaire du portrait renforce le mystère. Enfin, on ne sait pas qui est la dame représentée.

ACTE II, SCÈNE 9

Le dévoilement du portrait

RÉSUMÉ

Araminte demande à Marton des explications sur le portrait que l'on vient d'apporter. Le Comte annonce qu'il n'est pas le propriétaire du portrait. Marton dissuade sa maîtresse de chercher à savoir. Mais, sur l'insistance d'Araminte, Marton finit par affirmer qu'il s'agit là de son propre portrait, et elle prétend que Dorante en est le propriétaire. Voulant s'assurer des dires de Marton, Araminte ouvre la boîte : elle découvre son propre portrait.

Marton explique alors à Araminte les raisons de son erreur, et lui annonce qu'elle doit épouser Dorante. Araminte est très troublée.

Le coup de théâtre et ses effets

L'affaire du portrait fonctionne comme un premier coup de théâtre. la découverte du portrait d'Araminte (lequel ne peut être attribué qu'à l'initiative de Dorante) est la première révélation publique de l'amour du jeune homme pour Araminte. Celle-ci a beau tenter par tous les moyens de nier le fait et de le minimiser, la découverte renverse le cours des événements, puisque la présence de Dorante chez Araminte ne pourra plus être considérée comme innocente.

ACTE II, SCÈNE 10

De nouveaux incidents

RÉSUMÉ

Arlequin et Dubois entrent en s'injuriant l'un l'autre. Dubois menace Arlequin de «dire un mot» contre Dorante. Araminte et Mme Argante les invitent à expliquer la raison de leur dispute.

Dubois raconte qu'il a voulu retirer de l'appartement de Dorante un tableau appartenant à l'intendant, ce qui lui a attiré les foudres d'Arlequin. Ce dernier se justifie en expliquant que Dorante prenait beaucoup de plaisir à contempler ce tableau.

Araminte tente de clore le sujet, critiquée par sa mère.

REPÈRES POUR LA LECTURE

Le comique

Mme Argante et Arlequin usent tous deux d'un langage naïf, répétitif, et s'impliquent fortement dans l'action. Dubois se joue d'eux à leur insu et tire en fait tous les fils de l'intrigue. Ainsi, il feint la dispute mais, en réalité, il maîtrise parfaitement le cours des événements.

Le comique naît donc à la fois des propos d'Arlequin et de Mme Argante, et de l'opposition entre ce qui a l'air de se passer (la dispute) et ce qui se passe réellement (la ruse de Dubois).

Défense de Dorante par Araminte

RÉSUMÉ

Le Comte fait sur Dorante une réflexion ironique. Mme Argante renchérit en suggérant à sa fille d'interroger Dubois au sujet de Dorante, dont elle n'a pas bonne opinion. Araminte s'insurge contre l'idée de renvoyer Dorante, mais accepte d'avoir un entretien avec Dubois. Le Comte déclare alors à Araminte qu'il renonce au procès.

REPÈRES POUR LA LECTURE

Le ridicule de Mme Argante

Il éclate pleinement dans cette scène, où Mme Argante se targue avec suffisance et naïveté d'avoir une grande lucidité : «[...] vous le savez, j'ai le coup d'œil assez bon». De plus, son caractère autoritaire et brutal («Que vous êtes aveugle !») tranche, par sa maladresse, avec la courtoisie et le tact du Comte.

Le rôle décisif de Dubois

Dubois n'apparaît pas mais son nom est sans cesse prononcé, en référence au «mot» qu'il menaçait de proférer contre Dorante, et qui a intrigué tout le monde. Cela prouve encore une fois combien le valet est au centre des événements qui se déroulent.

Deuxième « fausse confidence » de Dubois à Araminte

RÉSUMÉ

Araminte commence par réprimander Dubois d'avoir trahi le secret sur l'amour que Dorante lui porte, et d'avoir même rendu cet amour public. Elle lui demande ensuite quel motif invoquer pour renvoyer Dorante. Puis Araminte cherche à savoir si l'affaire du mariage avec Marton est vraie. Dubois la détrompe et la rassure, en affirmant que Dorante lui a expliqué les raisons du malentendu entre Marton et lui.

La scène se poursuit sur le souhait exprimé par Araminte que Dorante lui avoue son amour afin qu'elle ait un véritable motif de le renvoyer. Dubois lui propose de prendre comme prétexte du renvoi de Dorante le portrait qu'il a lui-même fait d'elle. Araminte déclare qu'elle va lui tendre un piège.

REPÈRES POUR LA LECTURE

L'habileté de Dubois (voir p. 55)

L'habileté du valet à manœuvrer Araminte est si grande qu'il réussit à renverser complètement l'attitude de la jeune femme à son égard, entre le début et la fin de la scène.

Son « jeu » se déroule en plusieurs étapes : d'abord, il rassure pleinement Araminte au sujet de Marton, et provoque sa compassion en dressant un tableau pathétique de Dorante éploré à l'idée de quitter son service. Puis, il amène la jeune femme à reconnaître que seule la pauvreté de Dorante les sépare. Enfin, en lui dévoilant que Dorante est l'auteur du portrait, il flatte la vanité d'Araminte tout en faisant l'éloge de Dorante.

ACTE II, SCÈNES 13 ET 14
Le piège d'Araminte

RÉSUMÉ

À la scène 13, Dorante expose à Araminte son dévouement envers elle et sa peur d'être chassé. Araminte l'assure de sa protection. Puis elle lui affirme qu'elle est résolue à épouser le Comte, et lui dicte une lettre destinée à ce dernier où elle l'informe de son consentement. Dorante manifeste sa souffrance par sa distraction mais n'avoue pas son amour.

Ils sont interrompus à la scène 14 par l'entrée impromptue de Marton qui vient déclarer qu'elle accepte officiellement d'épouser Dorante, à qui elle demande de se déclarer.

La supériorité d'Araminte

C'est le seul moment de la comédie où Araminte, entièrement maîtresse du jeu, dupe Dorante pour le faire avouer. Sa détermination est frappante : elle va jusqu'au bout de son projet, en lui dictant toute la lettre et en paraissant ignorer la souffrance du jeune homme. Celui-ci, privé des conseils de Dubois, apparaît très ingénu et peu sûr de lui.

L'audace de Marton

L'audace et la détermination de Marton contrastent avec l'indécision de Dorante. Cette audace est d'autant plus grande que Marton n'hésite pas, au fond, à rivaliser directement avec sa maîtresse.

ACTE II, SCÈNE 15
L'aveu de Dorante

RÉSUMÉ

Dorante désavoue tout projet de mariage avec Marton, et fait l'éloge de celle qu'il aime en secret. Araminte finit par lui montrer le portrait qu'elle a en sa possession, ce qui force Dorante à avouer son amour. Elle lui pardonne son «égarement», mais à ce moment Marton les surprend. Désemparée et furieuse, Araminte renvoie Dorante.

Dorante et le beau langage

Dorante parle le langage d'un héros de roman courtois ou précieux. Ce langage séduit Araminte en la flattant par son caractère aussi raffiné que passionné.

ACTE II, SCÈNES 16 ET 17
Dubois, maître de la situation

RÉSUMÉ

Araminte ment à Dubois en affirmant que Dorante n'a pas avoué. Elle le renvoie rudement. Resté seul, Dubois souligne le caractère crucial du moment (II, 16). Survient Dorante qui veut lui faire part de ses craintes. Dubois lui donne rendez-vous dans le jardin (II, 17).

R E P È R E S   P O U R   L A   L E C T U R E

L'effet d'accélération

L'apparition inopinée de Marton à la fin de la scène 15 a accéléré les événements. La colère d'Araminte envers Dubois manifeste le trouble de la jeune femme. Seul le valet garde tout son calme. Sa présence ponctue tous les moments forts de l'action (I, 13, 14 ; II, 12, 16, 17 ; III, 1, 2, 3).

A C T E   I I I ,   S C È N E   1

Le dernier conciliabule entre Dubois et Dorante

R É S U M É

Dubois et Dorante mettent au point une autre étape du plan de Dubois. Dorante a donné à Arlequin une lettre à porter, en lui recommandant de s'adresser à Marton ou à Dubois pour savoir où se trouve le quartier indiqué. Dorante fait ensuite part à Dubois de sa peur de perdre Araminte, de ses souffrances et de celles de la jeune femme.

R E P È R E S   P O U R   L A   L E C T U R E

La continuité temporelle

La continuité temporelle entre l'acte III et l'acte II se marque par le «non» initial de Dubois : «Non, vous dis-je ; ne perdons point de temps». Le fait de faire débuter le dialogue par un «non» donne au spectateur l'impression qu'il n'y a eu aucune coupure entre la fin du deuxième acte et le début du troisième, et que la conversation ne fait que continuer.

La dernière machination de Dubois

L'affaire de la lettre est la dernière machination de Dubois. La question : «La lettre est-elle prête ?» qui ne précise pas de quoi il s'agit, préserve le mystère : une seule partie du plan est dévoilée au spectateur, le suspens demeure.

Le revirement de Marton

RÉSUMÉ

Marton rencontre Dubois et reconnaît sa perspicacité au sujet de Dorante. Elle affirme ensuite vouloir «faire sortir» Dorante. Pour cela, elle demande à Dubois, au nom de Mme Argante et du Comte, de lui dire tout ce qu'il sait de Dorante. Dubois propose finalement de s'emparer d'une lettre de Dorante afin d'en apprendre davantage sur le jeune homme.

REPÈRES POUR LA LECTURE

Marton et l'amour-propre

Le revirement de Marton vis-à-vis de Dorante est dû à son amour-propre blessé de femme rejetée. Sa colère et son absence de scrupules sont manifestes lorsqu'elle accepte de se saisir de la lettre, donc de violer l'intimité de Dorante.

La finesse de Dubois

La finesse de Dubois transparaît dans ses répliques : sous couvert de sa complicité avec Marton, il ne lui livre que les informations qu'il veut bien lui donner à propos de Dorante : « […] il vient tout à l'heure d'appeler Arlequin pour lui donner une lettre».

La prise de la lettre

RÉSUMÉ

Arlequin entre en invectivant Dubois. Il vient s'enquérir auprès de Marton de l'endroit où se trouve la rue où il doit se rendre pour remettre la lettre. Marton propose de faire remettre la lettre à sa place. Arlequin accepte immédiatement, et remercie Marton tout en lui recommandant le secret.

REPÈRES POUR LA LECTURE

Le comique de la scène

C'est essentiellement un comique de langage et de situation :

– comique de langage : les injures que se lancent Dubois et Arlequin relèvent de la tradition des valets de comédie ;

– comique de situation : il vient du fait qu'Arlequin croit que Marton lui rend service, alors que celle-ci et Dubois l'utilisent. Le cas de figure est le même pour Marton, utilisée par Dubois alors qu'elle croit qu'il la sert.

ACTE III, SCÈNES 4 ET 5

Le conflit entre Mme Argante et M. Remy

RÉSUMÉ

Marton décide d'attendre d'avoir lu la lettre pour parler à Mme Argante. Celle-ci déclare qu'elle attend de M. Remy qu'il emmène Dorante, ou bien elle révélera à sa fille l'amour de Dorante afin que celle-ci le renvoie (III, 4).

Mme Argante demande à M. Remy de «retirer» Dorante de chez elle. M. Remy refuse. La scène se termine sur un échange très vif entre la mère d'Araminte et M. Remy (III, 5).

REPÈRES POUR LA LECTURE

M. Remy, un personnage sûr de lui

M. Remy apparaît tout au long de la scène comme un personnage sûr de lui et tenant un langage rationnel : ainsi, il souligne que Mme Argante n'a pas à donner son avis sur Dorante puisqu'il n'est pas son domestique. Son statut de procureur lui confère une forte identité sociale, grâce à laquelle il ne se laisse pas impressionner par la noblesse du Comte.

La complexité de la machination

Elle apparaît clairement pour le spectateur. Lorsque Mme Argante croit desservir Dorante en informant sa fille des sentiments qu'il a pour elle, elle suit en fait à merveille les desseins de Dubois, dont le but est de faire éclater publiquement cet amour.

Le coup de théâtre de Mme Argante

RÉSUMÉ

M. Remy demande à Araminte son avis sur Dorante. Araminte affirme vouloir garder le jeune homme à son service. S'ensuit un échange de répliques provocantes entre M. Remy et Mme Argante, que clôture le coup de théâtre de cette dernière : elle dévoile l'amour que Dorante porte à Araminte. M. Remy est stupéfait, Araminte réagit par la raillerie en feignant d'ignorer cet amour (III, 6).

Dorante vient alors demander à Araminte de le rassurer sur « son sort ». Ce qui suscite les quolibets de Mme Argante tandis qu'Araminte prend la défense du jeune homme (III, 7).

REPÈRES POUR LA LECTURE

Une relation mère-fille très tendue

Les intérêts de la mère et de la fille sont opposés, et Mme Argante ne ménage aucun effort pour éliminer Dorante. Elle se heurte à une forte résistance d'Araminte, qui joue avec adresse de l'ironie pour se tirer des situations embarrassantes auxquelles la confronte sa mère.

L'affaire de la lettre

RÉSUMÉ

Marton donne au Comte la lettre dérobée afin qu'il la lise. Le Comte la lit à haute voix devant tous les personnages. Dans la lettre, Dorante reconnaît son amour pour Araminte, fait état du scandale dû au portrait et souhaite, s'il était renvoyé, s'embarquer pour un long voyage. Araminte demande à Dorante de sortir. M. Remy prend la défense de son neveu et sort à son tour. Mme Argante, Marton et le Comte tentent en vain de faire venir l'intendant envoyé par le Comte : Araminte refuse de le recevoir.

Le coup de théâtre

L'affaire de la lettre représente le dernier coup de théâtre avant le dénouement, la dernière péripétie organisée par Dubois et destinée à changer le cours des événements. Cette fois, en effet, Araminte ne peut plus feindre d'ignorer l'amour que Dorante lui voue. En outre, puisque tout le monde est au courant de cet amour, elle va devoir prendre une décision : renvoyer Dorante ou l'épouser.

La lettre comme motif romanesque

La lettre de l'amant désespéré est en soi un motif romanesque. Le thème du voyage aux colonies, le ton emphatique et passionné de Dorante sont autant d'éléments qui font de lui une figure de héros de roman, propre à toucher Araminte par son caractère extraordinaire.

La lettre comme «fausse confidence»

Le public peut parfaitement identifier cette lettre comme une fausse lettre, destinée non à informer l'ami présumé de Dorante, mais à influer sur les sentiments d'Araminte. De fait, la lettre récapitule tous les événements pour que chacun soit informé que Dorante est l'auteur du portrait. Ensuite, la lettre ne cesse d'argumenter de manière très construite en faveur de Dorante, de manière à suggérer que la distance sociale n'est qu'un obstacle minime entre le jeune homme et celle qu'il aime. Enfin, le ton désespéré de la missive s'accorde bien avec le portrait que Dubois avait fait de son ancien maître (I, 14).

La dernière «fausse confidence»

RÉSUMÉ

Dubois feint de se réjouir de la défaite de Dorante, tout en soulignant son affliction. Il exhorte Araminte à ne pas revoir le jeune homme, puis dévoile son rôle dans la découverte de la lettre. Araminte, furieuse, chasse le valet après l'avoir rendu responsable de tous ses maux. Dubois sort très satisfait de cet esclandre.

REPÈRES POUR LA LECTURE

La stratégie de Dubois

La première étape de la machination consiste à feindre de critiquer Dorante pour inciter Araminte à le protéger ; dans le même objectif, il conseille à la jeune femme de ne pas le revoir pour éveiller en elle le désir opposé.

La deuxième étape consiste à se charger, lui, Dubois, de la responsabilité de la lettre, pour que la colère d'Araminte se détourne de Dorante.

Sa sortie sur un aparté victorieux montre à quel point le valet domine de bout en bout la situation.

Réconciliation entre Marton et Araminte, intercession d'Arlequin

RÉSUMÉ

Marton demande à Araminte son congé, et celle-ci le lui donne. Marton avoue ses torts. Araminte lui pardonne, et lui promet réparation pour les «chagrins» subis (III, 10).

Arlequin entre en pleurant dire à Araminte, de la part de Dorante en larmes, que celui-ci souhaite la voir. Araminte accepte de le recevoir (III, 11).

La relation maîtresse-suivante (voir p. 60)

La relation entre Araminte et Marton s'achève sur de l'affection et du respect. Mais, tout au long de la pièce, elle a été fondée sur un mélange de rivalité et de défiance réciproque. Cette défiance ne se dément pas réellement ici, et la relation entre les deux femmes n'apparaît plus que comme une simple trace de l'ancienne relation de confiance entre maîtresse et suivante que l'on trouve habituellement chez Marivaux.

ACTE III, SCÈNE 12

Le dénouement

RÉSUMÉ

Dorante vient parler à Araminte, sous le prétexte qu'il veut lui remettre de l'argent de la part d'un de ses fermiers. Tous deux sont très émus. Araminte affirme ne plus pouvoir garder Dorante à son service. Dorante redemande son portrait. Araminte finit par lui avouer son amour. Dorante révèle alors toute la machination et le rôle de Dubois. Araminte lui pardonne au nom de l'amour sincère qui a inspiré ce plan, et lui recommande de la laisser parler aux autres.

REPÈRES POUR LA LECTURE

Le marivaudage

Ce qu'on appelle «marivaudage» consiste en des échanges vifs de répliques, au cours desquels les personnages en viennent peu à peu à découvrir leurs sentiments amoureux.

Nous assistons ici à un court moment de marivaudage : au fil du discours, Araminte avoue son amour avec spontanéité, au moment où, finalement, elle en prend vraiment conscience.

La duplicité de Dorante

Dorante trahit ici son complice du premier instant, Dubois, en dévoilant à Araminte leur complot, sans en informer Dubois et en lui attribuant toute la responsabilité du projet.

Un amant décevant

C'est aussi le manque de personnalité de Dorante qui est ici suggéré, puisqu'il n'a fait que se conformer aux directives de Dubois. On peut imaginer la déception d'Araminte.

Son silence montre d'ailleurs à quel point elle est ébranlée, et le fait qu'elle demande à Dorante de garder le silence est troublant : elle semble prendre la suite de Dubois et manœuvrer à son tour Dorante.

A C T E I I I , S C È N E 1 3

Épilogue

RÉSUMÉ

Araminte refuse la proposition de mariage du Comte. Celui-ci explique qu'il a «deviné tout» et qu'il renonce définitivement au procès. Mme Argante manifeste sa colère et son ressentiment contre Dorante.

Tous sortent. Restent Dubois et Arlequin. Le premier exprime sa satisfaction, le second conclut la pièce sur un bon mot.

REPÈRES POUR LA LECTURE

Un dénouement heureux

Araminte et le Comte rivalisent de tact et d'élégance pour se rendre leur liberté et annoncer le mariage de la jeune femme et de son intendant.

Un dénouement imparfait

Deux conflits demeurent irrésolus : d'une part, l'opposition mère-fille n'est pas surmontée ; d'autre part, la trahison de Dubois par Dorante, même si elle n'est pas évoquée, laisse craindre un avenir assombri pour le valet.

DEUXIÈME PARTIE

Problématiques essentielles

1 | *Les Fausses Confidences* dans la carrière de Marivaux

UNE CARRIÈRE PRÉCOCE ET BRILLANTE

Marivaux s'appelait en réalité Pierre Carlet, et n'était nullement noble. L'une de ses meilleures trouvailles est sans conteste la création de ce nom, qui a donné lieu à des dérivés encore usités : marivaudage, marivauder, marivaudien.

Né autour du 4 février 1688 à Paris, Marivaux est le fils de Nicolat Carlet et de Marie-Anne Bullet. Il passe son enfance en Auvergne, à Riom, où son père avait acheté une charge de directeur de la Monnaie.

À partir de 1710 il entreprend des études de droit à Paris. Sa carrière littéraire débute en 1712 avec sa première comédie, *Le Père prudent et équitable*. Dans la fameuse Querelle, Marivaux se range du côté des Modernes[1]. Cela signifie qu'il fait le choix d'une langue privilégiant le naturel, la grâce et la pointe contre le souci de grandeur des partisans des Anciens. Marivaux sera d'ailleurs taxé de préciosité et répondra fermement à cette critique en 1734 : le style nouveau, dira-t-il, est l'indice d'une pensée nouvelle, et ce que l'on appelle précieux n'est qu'un usage des mots au service d'une pensée originale. D'où, parfois, la nécessité de créer des mots pour bien rendre la pensée. Rappelons que l'expression *tomber amoureux* nous vient de lui.

---

1. La Querelle des Anciens et des Modernes oppose, au xviie siècle et au début du xviiie siècle, les hommes de lettres qui croient nécessaire d'imiter les Anciens (par exemple Homère) et ceux qui croient, au contraire, au progrès de l'esprit humain et aux bienfaits des innovations.

C'est en 1716 qu'il signe pour la première fois Carlet de Marivaux. Le nom de Chamblain, qui est celui de son illustre cousin, l'architecte Jean-Baptiste Bullet de Chamblain, n'apparaît qu'une seule fois du vivant de l'auteur des *Fausses Confidences*.

Avant 1715, les premiers romans de Marivaux s'inscrivent dans la lignée du roman baroque et multiplient les aventures extraordinaires, les travestissements, etc. Il écrit aussi des romans parodiques : *L'Iliade travestie* (1717), *Télémaque travesti* (1717), *Pharsamon ou les Folies romanesques* (1712).

En 1717, il épouse Colombe Bologne, beau parti de la bourgeoisie financière. Elle mourra en 1723, lui laissant une fille. Ruiné en 1720 par le système de Law[1], Marivaux vit désormais de quelques rentes mais surtout de son activité littéraire. Il remporte un grand succès à partir de 1720, avec sa première comédie, *Arlequin poli par l'amour*. Sa carrière ne cesse alors de prendre de l'ampleur.

Marivaux travaille en collaboration étroite avec le Théâtre-Italien, dont l'actrice Silvia est sa plus grande interprète. Dès 1721, il mène de front une carrière de journaliste et d'écrivain. Son journal, *Le Spectateur français*, qui paraît par feuilles, est une suite de réflexions et de brèves histoires à portée morale et philosophique. Viendront ensuite *L'Indigent philosophe* (1725-1729), puis *Le Cabinet du philosophe* (1734).

Enfin, à partir de 1731, il écrit ses deux grands romans : *La Vie de Marianne* (dont la rédaction dure jusqu'en 1741) et *Le Paysan parvenu* (1735). Ces deux romans sont écrits à la première personne par les héros, dont ils relatent les aventures de jeunesse en mêlant au récit une analyse très subtile du cœur humain. En 1742, Marivaux est élu à l'Académie française.

Très discret sur sa vie privée, Marivaux avait la réputation d'un homme dépensier (en particulier pour sa toilette) mais aussi de quelqu'un de très charitable envers les autres. À partir de 1744 et jusqu'à sa mort il vit avec Mlle de Saint-Jean, qui sera d'ailleurs sa légataire

---

1. Contrôleur général des finances qui mit au point, entre 1718 et 1720, un système d'émission de billets gagés sur des actions de la Compagnie des Indes, et destiné à renflouer les caisses de l'État.

universelle. En 1745, sa fille, Colombe-Prospère, entre au couvent. Marivaux meurt le 12 février 1763, en laissant un bref testament où il lègue ses maigres biens aux pauvres de sa paroisse.

L'ŒUVRE DRAMATIQUE

Les premières œuvres de Marivaux se caractérisent par un goût prononcé pour le féerique et le romanesque : ce sont *Arlequin poli par l'amour* (1720), *La Double Inconstance* (1723), *Le Prince travesti* (1724).

Parallèlement s'esquisse une réflexion sur des questions d'ordre social, à travers des pièces de type utopique ou allégorique comme *L'Île des Esclaves* (1725), *L'Île de la Raison* (1727), *La Nouvelle Colonie* (1729).

Mais ce sont surtout ses comédies fondées sur la découverte de l'amour dans un cadre « vraisemblable » qui occuperont l'essentiel de sa production : *La Surprise de l'amour* (1722), *La Seconde Surprise de l'amour* (1727), *Le Jeu de l'amour et du hasard* (1730), *Les Serments indiscrets* (1732), etc.

Le thème essentiel en est l'épreuve de l'amour : la découverte de l'amour, les bouleversements qu'il provoque et la difficulté que rencontrent les êtres à vaincre leurs obstacles intérieurs, à dépasser leur identité propre pour rencontrer véritablement l'autre, quitte à accéder à une nouvelle identité.

ORIGINALITÉ ET ACCUEIL
DES *FAUSSES CONFIDENCES*

Les Fausses Confidences est la pièce de Marivaux la plus axée sur l'analyse d'un mécanisme social. L'univers social y est à la fois très précisément représenté et constitutif du fonctionnement de l'intrigue. Surmonter les barrières sociales est, en effet, une composante essentielle de l'action.

L'originalité de cette comédie vient aussi du fait que, contrairement à la plupart des comédies marivaudiennes, un des deux personnages (Dorante) est déjà passionnément amoureux lorsque se lève le rideau. Seule la jeune femme est amenée progressivement vers la révélation amoureuse. Ici, l'épreuve de l'amour n'est pas le lot commun à deux personnages.

Enfin, *Les Fausses Confidences* se démarque des autres comédies de Marivaux par la nouveauté du rapport qui s'y noue entre maître et serviteurs. Ceux-ci ne vivent plus une histoire d'amour parallèle à celle de leurs maîtres, mais entremêlent l'histoire de leurs maîtres avec la leur : Marton devient la rivale d'Araminte, Dubois considère Araminte comme sa « bru ».

La pièce fut un échec lors de ses premières représentations, qui commencent le 16 mars 1737. Elle connaît le succès à partir de 1738 et, dès 1740, entrée au répertoire de la Comédie-Italienne[1], elle est jouée régulièrement quatre ou cinq fois par an.

Entre 1740 et 1750 elle tient le neuvième rang parmi les « grandes pièces » jouées à la Comédie-Italienne. Entre 1750 et 1769, les pièces françaises disparaissent du répertoire de la Comédie-Italienne, mais la comédie de Marivaux est très jouée dans les théâtres de province et les salles privées. Elle est de nouveau reprise à la Comédie-Italienne de 1779 à 1785. Simultanément, la pièce connaît un immense succès en Allemagne, alors en plein mouvement romantique. Son succès ne s'est plus démenti au cours des XIXe et XXe siècles.

---

1. Les comédiens du Théâtre-Italien, arrivés à Paris en 1716, ont joué de nombreuses pièces de Marivaux. Les rôles étaient personnalisés. Chaque personnage avait son caractère, son passé, ses caractéristiques. Ces comédiens ont commencé par jouer en italien, puis sont rapidement passés au français.

2 Les personnages : clivages sociaux et familiaux

Les Fausses Confidences se caractérise par de nombreux clivages, ou oppositions, entre les personnages. Il y a d'une part les oppositions d'ordre social : les personnages, qui ont des positions sociales variées, n'ont pas les mêmes intérêts ni le même code de vie, ce qui crée à la fois des tensions et des effets comiques dans le texte.

Il y a d'autre part les clivages dus aux relations familiales : le rapport entre mère et fille ou oncle et neveu est source de contrastes et de désaccords.

LES CLIVAGES SOCIAUX

Les Fausses Confidences est une pièce où sont mises en scène aux moins trois positions sociales : le personnel domestique, c'est-à-dire tous les individus qui sont au service des maîtres de maison ; la bourgeoisie, qui s'est élevée dans la hiérarchie sociale par son sens des affaires et cherche à accéder à la noblesse ; l'aristocratie, qui possède les titres de naissance. Mais la limite est parfois floue entre les catégories sociales.

Certains personnages oscillent entre deux positions sociales : Marton est une domestique, mais elle appartient à une famille de la petite bourgeoisie et elle attend un héritage qui lui rendrait sa liberté ; Dorante est également de bonne famille, mais il a librement choisi de servir.

Le personnel domestique

Il se compose de quatre personnages : Arlequin, Dubois, Marton et Dorante. Un domestique inconnu paraît une seule fois, à la scène 8 de l'acte I.

Arlequin et Dubois, deux figures antithétiques du valet

Arlequin est un personnage traditionnel des Comédiens-Italiens. Reconnaissable par son habit à losanges multicolores, son masque noir et sa batte, il est très présent dans le théâtre de Marivaux. Dans *Les Fausses Confidences*, il représente un valet naïf et dont la motivation essentielle est l'argent. Ainsi se console-t-il rapidement d'être devenu le serviteur de Dorante sur ordre d'Araminte, lorsque celui-là lui donne ses premiers gages, à la scène 9 de l'acte I. Sa simplicité, son franc-parler s'opposent à la complexité de Dubois.

Dubois est l'homme à tout faire d'Araminte, son «garçon de confiance» (II, 1) et son confident, ce qui le place bien au-dessus d'Arlequin. Mais, resté dévoué à son ancien maître, Dorante, il trompe en fait la confiance de sa maîtresse. Il est donc à la fois le serviteur officiel d'Araminte et le serviteur secret de Dorante. Ce qui le conduira à s'opposer tout au long de la pièce à Araminte, qui résiste à la naissance de son amour pour Dorante.

Marton et Dorante : la bourgeoisie réduite à la servitude

C'est M. Remy, procureur et oncle de Dorante, qui explique la situation de Marton à la scène 3 de l'acte I. Marton est «de fort bonne famille» puisque son père, qui était «fort ami» du père de Dorante, était le procureur d'Araminte. Marton est donc issue d'une famille bourgeoise mais ruinée ; elle peut cependant espérer recouvrer de la fortune car elle a «une vieille parente asthmatique dont elle hérite, et qui est à son aise», selon les dires de M. Remy dans la même scène. On ne l'appelle d'ailleurs le plus souvent que «Mademoiselle», alors que les soubrettes de comédie sont traditionnellement désignées par leur prénom. Sa chance est d'être traitée par Araminte «moins en suivante qu'en amie». Elle est un médiateur entre sa «maîtresse» et le reste du personnel : à la scène 6 de l'acte I, elle s'occupe du logement de Dorante ; elle tutoie Dubois et Arlequin, et règle leurs disputes (II, 10 et III, 3).

La situation de Dorante, résumée dans son dialogue avec Araminte à la scène 7 de l'acte I, est analogue à celle de Marton puisqu'il est de «très bonne famille» ; il est «au fait des affaires» – son père était «avocat» – et il affirme à Araminte : «je pourrais l'être moi-même». On peut donc penser qu'il a fait des études de droit. Autre analogie avec Marton : il peut hériter de son oncle, M. Remy.

Cependant, même s'il appartient à la bourgeoisie financière ruinée, Dorante a décidé, contrairement à Marton, d'entrer au service d'Araminte par amour et non par besoin. Il est traité avec respect – il peut choisir son appartement – et occupe chez Araminte une fonction stratégique. En effet, en tant qu'intendant de la jeune femme, il doit surtout gérer la fortune léguée par son défunt mari. Il doit aussi étudier «l'état de l'affaire» qui oppose Araminte au Comte afin que celle-ci sache si elle aurait des chances de gagner le procès qu'elle a l'intention de lui intenter. Rappelons qu'elle n'épouserait le Comte que dans le cas où elle serait assurée de perdre son procès. Dorante est donc revêtu d'une responsabilité importante, qui ne peut qu'influencer ses décisions.

La bourgeoisie aisée : Araminte

Mme Argante et sa fille Araminte appartiennent à la bourgeoisie aisée. Au début de la pièce, Marivaux précise, sous les noms des personnages, que «la scène est chez Mme Argante». On sait que son hôtel particulier, situé à Paris, est vaste : il comporte plusieurs appartements (I, 7). Mme Argante devait donc être déjà riche et avoir bien doté Araminte pour que celle-ci ait pu faire un riche mariage avec un financier. On peut lui supposer un défunt mari devenu riche par son sens des affaires.

Dubois résume ainsi la position d'Araminte, à la scène 2 de l'acte I : «elle est liée avec tout ce qu'il y a de mieux, veuve d'un mari qui avait une grande charge dans les finances».

Les biens d'Araminte sont considérables. Elle a «ses gens» et il est question de ses «fermiers» (III, 12), de ses «terres» et de son «château» à la campagne (II, 1), et enfin de ses «équipages» sous «la remise» (I, 2).

Son train de vie est celui de la haute bourgeoisie parisienne (I, 14) : promenades aux Tuileries et spectacles : Comédie-Française, Opéra le vendredi, jour réservé à la plus haute société. Enfin, elle visite les salons de ses amies. Les gens qu'elle fréquente sont apparemment des aristocrates : le comte Dorimont, ou la « Marquise » dont Dubois rapporte des nouvelles, à la scène 13 de l'acte I.

Les relations sont donc très étroites entre la bourgeoisie fortunée et l'aristocratie : après avoir fait de sa fille une riche bourgeoise par un premier mariage, Mme Argante souhaite maintenant en faire une « comtesse ».

Le rêve de la bourgeoisie est d'abolir les frontières qui la séparent de l'aristocratie en acquérant elle-même la « noblesse ». C'est ce que montrent les paroles de Mme Argante à la scène 10 de l'acte I :

> Ma fille n'a qu'un défaut ; c'est que je ne lui trouve pas assez d'élévation. Le beau nom de Dorimont et le rang de comtesse ne la touchent pas assez ; elle ne sent pas le désagrément qu'il y a de n'être qu'une bourgeoise. Elle s'endort dans cet état, malgré le bien qu'elle a.

▌La noblesse : le comte Dorimont

La noblesse représente ceux qui, par naissance ou décision royale, appartiennent à l'aristocratie.

Les mariages entre aristocrates et bourgeois sont le plus sûr moyen d'anoblir les seconds et de permettre aux premiers, très affaiblis au XVIIIᵉ siècle, de conserver et d'accroître leur fortune. Dans *Les Fausses Confidences*, le seul représentant de la noblesse est le Comte. Son mariage prévu avec Araminte est fondé sur un intérêt mutuel bien compris.

Mais le choix final d'Araminte, préférant au Comte un jeune fils de bourgeois ruiné mais à l'esprit romanesque (voir p. 75-76), suggère la permanence d'un clivage entre bourgeoisie et aristocratie : Araminte paraît témoigner du fait que l'individu bourgeois ne devrait plus avoir besoin de la caution de la noblesse pour être reconnu comme honorable par la société.

LES CLIVAGES DE PARENTÉ

Un autre type d'opposition entre les personnages structure la pièce : ce sont les conflits d'ordre familial, souvent doublés de conflits entre les générations : Mme Argante et sa fille, M. Remy et son neveu.

Mère et fille

La relation mère-fille est marquée par la divergence des intérêts et des personnalités. Mᵐᵉ Argante veut être la mère d'une comtesse, alors qu'Araminte cherche avant tout à affirmer sa liberté et son désir propre :

> MADAME ARGANTE. – Mais Madame la comtesse Dorimont aurait un rang si élevé, irait de pair avec des personnes d'une si grande distinction, qu'il me tarde de voir ce mariage conclu ; et, je l'avoue, je serai charmée moi-même d'être la mère de Madame la comtesse Dorimont, et de plus que cela peut être […] (I, 10).

Par l'expression «je l'avoue, je serai charmée moi-même», Mᵐᵉ Argante reconnaît qu'en réalité c'est par amour-propre qu'elle désire ce mariage. Elle profiterait en fait du titre de comtesse par l'intermédiaire de sa fille.

Un conflit insoluble

C'est aussi cet amour-propre qui amène la mère d'Araminte à se ranger toujours aux côtés du Comte dans les discussions (II, 11 ; III, 5), et à se retirer définitivement lorsqu'il est éconduit par Araminte. Mᵐᵉ Argante, gouvernée par l'orgueil, est incapable d'accepter, même au dénouement, que sa fille épouse son «domestique» :

> MADAME ARGANTE. – Ah ! la belle chute ! ah ! ce maudit intendant ! Qu'il soit votre mari tant qu'il vous plaira ; mais il ne sera jamais mon gendre. (III, 13.)

Ici, le conflit entre mère et fille est donc insoluble, et tous les dialogues qui les mettent en présence jusqu'au dénouement montrent une réelle absence de communication.

Le fait que Mᵐᵉ Argante tente de ranger Dorante à ses vues (I, 10), à l'insu de sa fille, est la première preuve de l'absence de relations vraies entre les deux femmes. Mᵐᵉ Argante prétend «tromper [sa fille] à son avantage», et refuse donc de se préoccuper des désirs d'Araminte.

Araminte juge sa mère en déclarant à Dorante, à la scène 12 de l'acte I : «Que ma mère est frivole !» Elle entend par là que Mᵐᵉ Argante prend à cœur des sujets sans importance et que, par conséquent, elle-même et sa mère n'ont pas du tout les mêmes sujets de préoccupation.

Tous les dialogues qui ont lieu entre elles ne peuvent que manifester une certaine tension, puisque Araminte doit défendre ses choix contre ceux de sa mère.

La tension du dialogue

Dans la scène 6 de l'acte III, Mme Argante se montre directe en accusant Dorante d'aimer Araminte : « Quand je vous dis qu'il vous aime, j'entends qu'il est amoureux de vous ».

Dans la réplique qui clôt cette scène, Araminte triomphe de trois manières :

– D'abord, elle affirme sa volonté contre celle de sa mère : « ce serait une enfance à moi que de le renvoyer sur un pareil soupçon. » De cette manière, elle insinue qu'elle n'est plus une enfant.

– Ensuite, elle récuse les arguments de sa mère en les prenant au pied de la lettre : « Est-ce qu'on ne peut me voir sans m'aimer ? Je n'y saurais que faire. »

– Enfin, elle transforme la critique de sa mère sur le physique de Dorante en compliment : « Il y aurait de la bizarrerie à se fâcher de ce qu'il est bien fait. Je suis d'ailleurs comme tout le monde, j'aime assez les gens de bonne mine. »

L'étude du dialogue entre la mère et la fille montre par conséquent les points suivants : la tension qui règne, la malice d'Araminte qui se moque de sa mère en réfutant ses arguments, et l'impossibilité d'une entente entre les deux femmes. D'ailleurs, les derniers mots d'Araminte à la scène 13 de l'acte III seront : « Laissons passer sa colère, et finissons. »

Oncle et neveu

M. Remy apparaît comme un substitut du père de Dorante. Teintées d'affection, leurs relations sont malgré tout marquées par l'ambivalence des sentiments de M. Remy vis-à-vis de son neveu.

Un substitut ambigu du père

D'une part, en effet, c'est grâce à la recommandation de M. Remy que Dorante a pu entrer chez Araminte : « C'est Monsieur Remy qui me l'a envoyé pour intendant », affirme Araminte (I, 14). L'oncle de Dorante est donc le protecteur de son neveu, et le gage de sa valeur.

D'autre part, les deux mariages qu'il cherche à conclure entre Dorante et Marton (I, 4), puis entre Dorante et l'inconnue aux «quinze mille livres de rente» (II, 2) sont la preuve de l'intérêt qu'il porte à son neveu.

Enfin, il n'hésite pas à prendre la défense de son neveu lorsqu'on l'attaque devant lui (III, 5-8). Et il affirme ainsi, en guise de conclusion, que «s'il était riche, le personnage en vaudrait bien un autre ; il pourrait bien dire qu'il adore.» (III, 8).

Mais sa volonté de marier son neveu est due à une attitude ambivalente par rapport à l'héritage : en effet, il ne semble pas vraiment vouloir léguer ses biens à Dorante, tout en lui rappelant qu'il est son héritier. De même, M. Remy affirme n'avoir pas envie de se marier, tout en «avertissant» son neveu qu'il pourrait bien le faire. Son discours est donc ambigu ; aussi conclut-il ses conseils en ces termes : «[...] prenez toujours vos petites précautions, et vous mettez en état de vous passer de mon bien, que je vous destine aujourd'hui, et que je vous ôterai demain peut-être» (I, 3).

Un rapport d'autorité ?

Apparemment M. Remy ordonne et Dorante obéit, puisque celui-ci paraît acquiescer à la proposition de mariage avec Marton. Mais, en réalité, c'est Dorante qui mène le jeu. Sans le dire à son oncle, il espère se marier avec Araminte, ce qui est bien au-delà des attentes de M. Remy. Dorante ne se laisse guider par son oncle que pour mieux agir à sa guise.

D'ailleurs l'attitude de M. Remy est parfois brutale : il n'hésite pas à injurier son neveu et quiconque s'oppose à son avis : «Vous êtes un imbécile, un insensé» (II, 2). Mais il est incapable d'influencer Dorante.

Celui-ci, au contraire, tient des propos très mesurés et respectueux envers son oncle, mais n'en fait qu'à sa tête. Le dialogue réel entre l'oncle et le neveu est donc, au fond, aussi inexistant qu'il l'était précédemment entre la mère et la fille.

3 | La structure de la pièce

La structure des *Fausses Confidences* est très rigoureusement agencée. Les trois actes marquent trois étapes dans la progression de l'action.

C'est Dubois qui est au centre de toute la structure dramaturgique. Sorte de metteur en scène au sein de l'intrigue, il joue autant de la crédulité des autres que du temps ou de l'espace pour organiser les péripéties.

LES TROIS PHASES DE L'ACTION

L'action dramaturgique est constituée par l'ensemble des péripéties (changements de situation), l'enchaînement des événements qui amènent peu à peu une pièce de théâtre vers son dénouement. Par l'action, des transformations ont lieu dans les rapports entre les personnages, et dans la « psychologie » des personnages eux-mêmes.

L'action est ici conçue de manière très rigoureuse, en trois temps, autour de trois « confidences ».

Première péripétie

Acte I : Dorante démasqué

L'acte I se termine, à la scène 14, par la première fausse confidence (voir p. 52) de Dubois : « Savez-vous à qui vous avez affaire ? » Il dévoile à Araminte l'amour que Dorante lui porte.

C'est le premier temps fort de l'action. En effet, Araminte possède une information qui va désormais influer sur ses relations avec Dorante, mais aussi sur ses relations avec le Comte. Son amour-propre est de plus très flatté.

Deuxième péripétie

Acte II : Les aveux de Dorante

La scène 15 constitue le point culminant de l'acte II avec le tête-à-tête de Dorante et Araminte. Celle-ci force celui-là à lui avouer son amour en lui montrant le portrait qu'il a fait d'elle et qu'elle a en sa possession.

Nous avons là un retournement de situation : c'est Araminte qui, pour la première fois, maîtrise la situation, tandis que le statut de Dorante paraît fragile.

Troisième péripétie

Acte III : La déclaration d'Araminte

C'est l'avant-dernière scène de la pièce qui réunit définitivement les deux amants, avec la confession d'Araminte :

> ARAMINTE. – Vous donner mon portrait ? Songez-vous que ce serait avouer que je vous aime ? (III, 12.)

L'action a atteint son point culminant, c'est la troisième grande péripétie avant la scène finale de reconnaissance.

LE NŒUD DE L'INTRIGUE

L'intrigue est constituée par l'ensemble des conflits et des obstacles auxquels sont confrontés les personnages, et par leurs efforts pour les surmonter, jusqu'au moment du dénouement.

C'est Dubois qui suscite l'essentiel des conflits par le biais d'incidents par lui organisés. Mais il y des obstacles : l'un est intérieur (les doutes d'Araminte) et l'autre extérieur (la volonté du Comte de l'épouser).

Les obstacles intérieur et extérieur

L'obstacle intérieur est principalement constitué par la réticence d'Araminte à reconnaître son amour pour Dorante, qui n'est que son intendant. Son hésitation est claire à l'issue de la scène 12 de l'acte II, dans la réponse qu'elle fait à Dubois, lequel affirme que Dorante « n'est riche qu'en mérite, et [que] ce n'est pas assez » :

ARAMINTE, *d'un ton comme triste.*– Vraiment non ; voilà les usages.
Je ne sais pas comment je le traiterai ; je n'en sais rien : je verrai.

La didascalie «*d'un ton comme triste*» indique le doute qui travaille Araminte, et le dilemme qui l'habite. Elle hésite entre deux
choix : Dorante ou le Comte.

L'obstacle extérieur est représenté par la pression exercée par le
Comte et Mme Argante sur Araminte pour qu'elle épouse le Comte.
L'influence de Mme Argante sur sa fille est presque inexistante (voir
p. 41) ; quant au Comte, Araminte ne semble ressentir aucun sentiment pour lui. Cet obstacle est donc de peu de poids. Il paraît tout
au contraire piquer la colère d'Araminte (III, 6 et 7) et la pousser à
choisir Dorante.

▌Les incidents machinés par Dubois

Ils sont de plusieurs sortes, tous destinés à augmenter l'amour
d'Araminte pour Dorante et à l'inciter à surmonter ses préjugés pour
l'épouser. Il y en a au moins huit à retenir, l'acte II étant le plus riche
en machinations :

– acte I, scène 14 : la première «fausse confidence» de Dubois à Araminte ;

– acte II, scène 2 : annonce devant Araminte de la proposition de
mariage faite par la «riche inconnue» à Dorante ;

– acte II, scènes 5 et 9 : complot du portrait ;

– acte II, scène 10 : complot du tableau ;

– acte II, scène 12 : deuxième «fausse confidence» de Dubois à
Araminte (Dubois se justifie au sujet de l'affaire du tableau et dépeint
la souffrance de Dorante) ;

– acte II, scène 15 : arrivée de Marton (qui surprend Dorante aux
genoux d'Araminte) ;

– acte III, scènes 1 à 3 et scène 8 : lettre de Dorante à un prétendu
ami ;

– acte III, scène 9 : troisième et dernière «fausse confidence» de
Dubois à Araminte (il endosse la responsabilité de la lettre et décrit la
douleur de Dorante).

DUBOIS, GRAND ORDONNATEUR

Dubois est l'instigateur de l'essentiel des événements de l'intrigue et de leur déroulement chronologique, et il est à l'origine du mariage final. Il est donc le grand ordonnateur du jeu qu'il a lui-même conçu, et use de moyens (ses «batteries») que le spectateur découvre au fur et à mesure qu'ils sont mis en place.

Pour mener l'action à sa guise, Dubois utilise aussi bien les divers personnages que le temps, l'espace de la scène ou l'espace hors scène.

▌L'utilisation des autres protagonistes

Dubois utilise les autres personnages à leur insu, pour servir ses desseins. Parfois, le valet profite des projets des opposants : ainsi, par exemple, de la colère de Mme Argante, il suggère qu'elle ne peut que pousser Araminte à vouloir affirmer sa propre volonté :

> DORANTE. – Prends-y garde ; tu vois que sa mère la fatigue.
> DUBOIS. – Je serais bien fâché qu'elle la laissât en repos. (III, 1.)

Il utilise aussi les sentiments, en particulier ceux de Marton. Et d'abord son amour : en conseillant à Dorante de «tâcher que Marton prenne un peu de goût pour lui» (I, 1), il s'assure qu'elle poussera sa maîtresse à l'engager comme intendant. Puis sa colère et son ressentiment : en proposant à Marton de s'emparer de la lettre de Dorante à un prétendu ami, et en comptant sur sa curiosité de femme déçue, il prépare la lecture qui rendra public l'amour de Dorante et obligera Araminte à se déterminer. Marton, décidée à se venger de Dorante, s'empressera en effet d'ouvrir la lettre, puis d'exploiter son contenu pour tenter de faire renvoyer Dorante.

Enfin, Arlequin n'est, entre les mains de Dubois, qu'un pantin. Croyant obéir à Dorante en demandant à Marton l'adresse où porter la lettre (III, 3) ou croyant le défendre en plaidant pour qu'on lui laisse son tableau (II,10), il sert avec une précision extraordinaire les projets de Dubois. Ainsi, alors qu'il est certain de prendre la défense de son maître, Arlequin aggrave la situation de Dorante en décrivant avec force détails son attitude de jeune amoureux (voir p. 110).

L'utilisation du temps

Sur le plan de l'action dramatique, les références au temps sont un enjeu important. Ainsi, dans ses récits à Araminte, Dubois fait fréquemment référence au passé, afin de lui vanter les mérites de Dorante.

L'utilisation du passé et du présent

Elle est souvent présente dans la pièce, mais c'est surtout dans la première fausse confidence de Dubois à Araminte, à la scène 14 de l'acte I, que ces deux temps sont utilisés conjointement.

Le passé comme preuve de la persévérance de Dorante

Dubois encadre la révélation à Araminte de deux références identiques au passé. La première dans la scène 14 de l'acte I : « Il y a six mois qu'il est tombé fou ; il y a six mois qu'il extravague d'amour, qu'il en a la cervelle brûlée, qu'il en est comme un perdu [...] ». La répétition du temps écoulé (« il y a six mois ») ainsi que la description très hyperbolique[1] de l'amour de Dorante produisent un effet d'exagération destiné à impressionner Araminte, et à donner de Dorante le portrait d'un homme entier et passionné. La didascalie (Araminte *un peu boudant*) ainsi que la réponse d'Araminte montrent que la réplique de Dubois a fait son effet, et que la jalousie d'Araminte est déjà piquée.

Après la révélation, Dubois reprend cette même référence au passé :

> DUBOIS. – Il vous adore ; il y a six mois qu'il n'en vit point, qu'il donnerait sa vie pour avoir le plaisir de vous contempler un instant. Vous avez dû voir qu'il a l'air enchanté quand il vous parle. (I, 14.)

Dubois joue du présent et du passé. L'affirmation au présent : « il vous adore » a d'autant plus d'impact qu'elle est suivie d'une insistance forte sur les « six mois » ; mais, cette fois, l'objet du supplice est Araminte qui, après la légère colère qui précédait, ne peut être qu'extrêmement flattée par la persévérance de Dorante.

---

1. L'*hyperbole* est une figure de style qui consiste en une exagération, une amplification des propos tenus.

La deuxième référence à ce temps d'avant la rencontre met en avant l'héroïsme de Dorante, prêt à braver toutes les intempéries : «[...] nous allions toute la soirée habiter la rue, ne vous déplaise, pour voir Madame entrer et sortir, lui dans un fiacre, et moi derrière ; tous deux morfondus et gelés ; car c'était dans l'hiver [...]» (I, 14).

Le présent ou le temps de la rivalité

L'utilisation du présent permet aussi de maintenir aux aguets la jalousie d'Araminte, par la menace d'une rivale qui «poursuit encore tous les jours» Dorante.

Il y est fait référence aussi, outre dans cette scène 14 de l'acte I, à la scène 2 de l'acte II : «C'est une dame de trente-cinq ans, qu'on dit jolie femme [...].» Il est en effet permis de penser que la femme dont M. Remy vient annoncer l'offre de mariage n'existe que par l'imagination de Dubois. Car M. Remy ne connaît pas la dame en question (il connaît seulement seulement «la personne qui est venue chez [lui] de sa part»), et la coïncidence ne peut être innocente. Sa volonté de précipiter le mariage – elle «offre de l'épouser sans délai» – doit concourir à la fois à donner à Araminte l'impression que Dorante est très recherché, et à lui suggérer un sentiment d'urgence.

L'utilisation du temps dramatique

Pour être fidèle à la règle classique[1] de l'unité de temps, l'action de la comédie doit se dérouler en une seule journée : c'est le temps dramatique ou temps de la fiction. Cette exigence explique que Marivaux ait multiplié les machinations, afin que ce qui était totalement imaginaire le matin (le mariage entre Dorante et Araminte) soit devenu réalité le soir. Le temps dramatique est ainsi marqué par des accélérations.

La durée de l'action est peu évoquée. Sans doute cette absence de notations précises de temps vise-t-elle à masquer la rapidité du dénouement, qui est bien peu vraisemblable. Nous bornerons notre analyse à deux remarques importantes :

---

1. Théorisée au XVIIe siècle, la règle classique comprend l'unité de lieu, l'unité de temps et l'unité d'action. Boileau la résume ainsi : «Qu'en un lieu, qu'en un jour, un seul fait accompli/Tienne jusqu'à la fin le théâtre rempli.»

– d'une part, il faut souligner que la rapidité semble une qualité première chez Dubois. Il a ainsi pris le Comte de vitesse en suggérant à Dorante de se faire l'intendant d'Araminte, puisqu'à l'acte I, scène 7 Araminte faisait remarquer que le Comte devait lui envoyer «aujourd'hui» un intendant ;

– d'autre part, Dubois sait précipiter les événements pour en accélérer l'issue et ne laisser aucun répit ni temps de réflexion à Araminte. Ainsi, elle a à peine le temps de découvrir que Dorante a fait son portrait, à la scène 9 de l'acte II, qu'elle doit dès la scène 10 apprendre publiquement, avec l'affaire du tableau, le plaisir que Dorante prend à la contempler.

Les réflexes de Dubois sont prompts, et une part de sa mise en scène leur doit son succès : ainsi Marton est envoyée une «seconde fois» près de sa maîtresse à la scène 15 de l'acte II (Dubois s'en vante à la scène 1 de l'acte III), ou bien elle est dupe de la feinte complicité entre Dubois et elle (I, 3). À la scène 1 de l'acte III, le mot d'ordre de Dubois à Dorante est : «Allez vite, plus de raisonnements, laissez-vous conduire.»

▮ L'emploi de l'espace

Il existe au moins deux espaces au théâtre : celui de la fiction (espace dramatique) et l'«ailleurs» évoqué par les personnages.

Dans tous les cas, Dubois fait de l'espace un allié aussi sûr et efficace que le temps.

L'espace dramatique

Dubois paraît maîtriser l'espace dramatique. C'est celui dans lequel se déroule la fiction, en l'occurrence la maison de Mme Argante.

De fait, il surveille très souvent les mouvements des uns et des autres. Ses premiers mots à Dorante sont : «Je vous guettais» (I, 2).

Il utilise l'espace selon les besoins du moment, en n'oubliant jamais que le complot requiert un espace intime soigneusement préservé des autres personnages, sous peine de «tout perdre» : «Allez dans le jardin», ordonne-t-il ainsi à Dorante désireux d'être rassuré (II, 17).

On imagine Dubois espionnant et écoutant aux portes. En effet, il envoie Marton chez sa maîtresse au moment précis où Dorante s'est jeté aux genoux d'Araminte (II, 15).

Enfin, il fait du logis d'Araminte un lieu d'incessants va-et-vient destinés à «l'achever pendant qu'elle est étourdie» (III, 1). Y défilent tour à tour M. Remy cherchant à faire sortir son neveu pour le marier (II, 2), le garçon venant livrer le portrait (II, 8), Arlequin et Dubois faisant éclater l'affaire du tableau (II, 10), Marton brandissant une lettre subtilisée à Dorante par le biais d'Arlequin (III, 8). De quoi brouiller tous les fils de l'intrigue.

L'espace évoqué par les personnages

Comme le temps (voir ci-dessus, p. 47, le rôle du passé), l'espace est utilisé de manière stratégique par Dubois pour peindre Dorante à Araminte sous les traits de l'amant idéal et l'assurer de la vérité de ses dires. Car la curiosité d'Araminte est évidente (lors de la fameuse scène 14 de l'acte I) :

> ARAMINTE. – [...] Mais, où m'a-t-il vue, avant que de venir chez moi, Dubois ?
> DUBOIS. – Hélas ! Madame, ce fut un jour que vous sortiez de l'Opéra qu'il perdit la raison ; c'était un vendredi, je m'en ressouviens ; oui, un vendredi ; il vous vit descendre l'escalier, à ce qu'il me raconta, et vous suivit jusqu'à votre carrosse [...]. (I, 14.)

En narrant à Araminte l'errance éperdue de Dorante à la recherche de sa belle, il souligne successivement les lieux où Araminte avait l'habitude de se rendre, ce qui rend le tableau à la fois touchant et plausible : la «Comédie», les «Tuileries»…

4 | Le sens du titre

Le titre de la pièce, *Les Fausses Confidences*, est intéressant à un double titre. En effet :

– d'une part, il faut rappeler que la pièce s'intitulait initialement, lors de sa première représentation, en mars 1737, *La Fausse Confidence*. Se pose donc la question de savoir le nombre réel de fausses confidences, et de la raison pour laquelle Marivaux a hésité entre le singulier et le pluriel ;

– d'autre part, la «confidence» est un motif majeur de l'œuvre de Marivaux.

Par le biais des confidences, les relations entre personnages, dans le théâtre marivaudien, progressent généralement jusqu'à la prise de conscience de l'amour. Dans *Les Fausses Confidences,* celles-ci sont d'une grande efficacité pour le dénouement de l'intrigue et la réalisation du projet de Dubois et Dorante. Mais, dans la pièce, la nature de la confidence est ambiguë : elle n'est plus un aveu sincère mais un moyen, pour Dubois et Dorante, d'agir sur l'autre (Araminte, Marton) à son insu. Il est donc très difficile de démêler au bout du compte le vrai du faux dans les «fausses confidences» de Dubois. De plus, ce qui ajoute à la complication, la «fausse confidence» est pratiquée par quatre personnages au moins : Araminte, Marton, Dubois et Dorante.

LA ET LES « FAUSSES CONFIDENCES »

Les «fausses confidences» sont essentiellement l'œuvre de Dubois, le grand organisateur de toute l'action. Elles recoupent une grande scène de confidence de Dubois à Araminte sur la passion de Dorante (I, 14) ; mais on trouve aussi deux autres «fausses confidences».

La « fausse confidence »

C'est la scène 14 de l'acte I qui met en place la «fausse confidence» essentielle au bon fonctionnement du plan de Dubois. Dubois y révèle à Araminte la passion que Dorante éprouve pour elle, et les circonstances de la naissance de cet amour. La réplique d'Araminte au début de la scène suivante désigne bien la confidence de Dubois comme telle :

> ARAMINTE, *un moment seule.* – La vérité est que voici une confidence dont je me serais bien passée moi-même.(I, 15.)

Et, de fait, cette confidence a été savamment amenée. À la scène 13 de l'acte I, Dubois soulignait sa volonté d'intimité avec Araminte. Or le tête-à-tête est la condition de la confidence :

> DUBOIS. – Il m'est recommandé de ne vous parler qu'en particulier.

Ces paroles, accompagnées de jeux de scène prévus entre Dubois et Dorante, ont piqué la curiosité d'Araminte.

Les aveux y sont distillés un à un : l'amour de Dorante pour Araminte ; la passion (dédaignée par Dorante) de «la grande brune très piquante» ; le lieu du coup de foudre ; les suites de ce moment pour Dorante et leur aboutissement dans la fonction d'intendant : «à force de se démener, je le trouve parvenu à votre intendance ; ce qu'il ne troquerait pas contre la place d'un empereur. »

Cette confidence est la plus importante dans la mesure où elle informe Araminte de l'amour de Dorante, tout en la flattant.

Les « fausses confidences »

Dubois dispensera encore deux autres «fausses confidences» à Araminte. L'une à la scène 12 de l'acte II, après l'affaire du tableau ; l'autre à la scène 9 de l'acte III.

La scène 12 de l'acte II est en fait riche en confidences de tous ordres : Dubois endosse la responsabilité de la dispute au sujet du tableau, en prétextant qu'il a agi par «un mouvement de respect et de zèle». Il rassure Araminte sur le prétendu mariage de Marton et Dorante, et lui présente Dorante sous les traits d'un parfait amant : auteur du portrait, et jeté «dans le plus triste état du monde».

Quant à la scène 9 de l'acte III, elle est l'occasion pour Dubois d'attirer la compassion d'Araminte sur un Dorante «plus mort que vif», et de prendre sur lui la colère d'Araminte en avouant avoir eu l'idée de subtiliser la lettre de Dorante.

POURQUOI « FAUSSES » ?

L'expression «fausse confidence» brouille les pistes en laissant entendre que le mensonge peut toujours être présent au sein de la parole présentée comme la plus fiable. En outre, l'idée de «fausse confidence» contredit le sens même de la confidence.

Pourquoi mentir ?

La confidence est normalement le fait de dire quelque chose à quelqu'un sous le sceau du secret. Les aveux de Dubois à Araminte se donnent comme des confidences. Mais, en réalité, Dubois se garde bien de confier l'essentiel : le plan organisé avec Dorante. En outre, il confie à Araminte un mélange de choses vraies et de choses fausses en fonction des buts qu'il poursuit.

La confidence n'est donc plus qu'un moyen au service d'une fin, au lieu d'être une fin en soi : en effet, en théorie, on se confie pour se soulager, non pour obtenir quelque chose. Et c'est précisément parce qu'il emploie la confidence comme moyen que Dubois y mêle sans cesse vérité et mensonge.

Pour qui mentir ?

La différence entre le récepteur direct de la confidence – Araminte – et son récepteur indirect – le public – réside dans le fait qu'Araminte croit tout ce que dit Dubois, alors que le public cherche à démêler le vrai du faux. Et là réside sans doute l'un des plaisirs essentiels que procure la représentation des *Fausses Confidences*. Seule Araminte est donc la dupe des mensonges.

Ainsi, à la scène 14 de l'acte I, nous pouvons croire que ce que dit Dubois du coup de foudre de Dorante est vrai. Mais nous pouvons aussi penser que sa description d'un Dorante en quête des faits et gestes d'Araminte est exagérée.

À la scène 12 de l'acte II, les mensonges se multiplient, mais cette fois ils sont évidents pour le spectateur. Dubois prétend avoir agi par « zèle » dans l'affaire du tableau, ce que le spectateur sait pertinemment être faux. Il assure ensuite que Dorante lui a « tout conté » au sujet de Marton :

> DUBOIS. – Oui, il n'y a qu'un moment, dans le jardin où il a voulu presque se jeter à mes genoux, pour me conjurer de lui garder le secret sur sa passion, et d'oublier l'emportement qu'il eut avec moi quand je le quittai. Je lui ai dit que je me tairais ; mais que je ne prétendais pas rester dans la maison avec lui, et qu'il fallait qu'il sortît ; ce qui l'a jeté dans des gémissements, dans des pleurs, dans le plus triste état du monde. (II, 12.)

Ce faux récit met en avant la prétendue dureté de Dubois envers Dorante – marquée par la tournure impersonnelle de l'obligation « il fallait qu'il sortît » ; cette dureté, ainsi que les trois compléments qui vont crescendo – « gémissements », « pleurs », « plus triste état du monde » – ont pour but d'apitoyer Araminte sur Dorante et de lui faire croire qu'elle est la seule à prendre son parti.

Le plaisir du spectateur, qui surplombe la situation en s'identifiant à Dubois et en évaluant à travers lui l'effet des confidences sur Araminte, est certainement très grand.

Les « fausses confidences » : une manipulation

Au fond, le rôle des « fausses confidences » de Dubois est d'amener peu à peu Araminte à aimer Dorante : ce ne sont donc jamais des paroles intimes qui sont prononcées, mais des paroles soigneusement choisies pour produire des impressions sur Araminte et la manipuler. Ce sont donc littéralement des « fausses confidences », c'est-à-dire des confidences qui n'ont pas la nature ni le rôle des confidences.

Les « fausses confidences » sont par conséquent « fausses » dans la mesure où elles n'ont pas pour but d'instaurer une vraie relation de confiance entre deux personnes. Au contraire, elles instaurent une relation de dupe, où celui qui se sent en confiance est en fait victime de sa crédulité et abusé par celui qui se confie. Il n'y a jamais de véritable égalité entre les deux interlocuteurs.

Lorsque Araminte croit détenir les clés de la situation, elle est en fait doublement trompée, et par Dubois et par Dorante. C'est ce que montre, par exemple, le bref échange de la scène 16 de l'acte I, qui révèle indiscrètement les pensées d'Araminte et permet aux deux compères de se réjouir de concert :

> DORANTE. – Qu'elle est aimable ! Je suis enchanté ! De quelle façon a-t-elle reçu ce que tu lui as dit ?
> DUBOIS, *comme en fuyant*. – Elle opine tout doucement à vous garder par compassion. Elle espère vous guérir par l'habitude de vous voir.
> DORANTE, *charmé*. – Sincèrement ? (I, 16.)

L'ironie des propos de Dubois, qui feint de prendre les paroles d'Araminte au pied de la lettre pour suggérer sa mauvaise foi, révèle sa satisfaction. Quant à la question de Dorante (« Sincèrement ? »), elle est cocasse parce qu'elle quête la vérité alors que, précisément, la stratégie des deux complices repose sur le déguisement de la vérité.

▌L'efficacité des « fausses confidences »

Elle est évidente sur Araminte dès la scène 14 de l'acte I. Après la première « fausse confidence » de Dubois, Araminte finit par affirmer : « Je suis dans des circonstances où je ne puis me passer d'un intendant ». Mauvaise foi évidente, puisqu'elle pourrait prendre celui que le Comte lui envoie.

À la scène 12 de l'acte II, la progression des sentiments d'Araminte se révèle bien dans ses paroles, après l'affaire du portrait et du tableau. La jeune femme affirme qu'elle garde Dorante pour « se ménager » elle-même. Mais c'est un prétexte évident : « Ce n'est plus le besoin que j'ai de lui qui me retient, c'est moi que je ménage. » Puis, après que Dubois lui a fait une description très touchante de Dorante, en affirmant qu'il lui a ordonné de partir, Araminte reconnaît implicitement vouloir que Dorante se déclare : « Il est vrai qu'il me fâcherait s'il parlait ; mais il serait à propos qu'il me fâchât. »

Pour finir, Dubois parachève son œuvre à la scène 9 de l'acte III, et ce en trois temps :
– il suscite la compassion d'Araminte (« Faut-il le tuer, cet homme ? ») par le tableau qu'il dresse de Dorante en amant éploré ;
– puis, en lui conseillant de ne pas « le voir davantage », il incite en

réalité Araminte à faire le contraire : c'est la théorie marivaudienne de l'obstacle : plus l'amour rencontre d'obstacles, plus il grandit et cherche à s'affirmer ;

– enfin, en s'avouant la cause de la lettre interceptée, il fait indirectement de Dorante une victime à plaindre, ce que s'empresse de faire Araminte : « Vous l'assassinez, vous me trahissez […] ». La force de ces propos montre l'intensité des sentiments d'Araminte.

MANIPULATEURS ET MANIPULÉS

Les « fausses confidences » semblent en fait pratiquées au moins par quatre personnages de la comédie : Dubois certes, mais aussi Dorante, Marton et jusqu'à Araminte.

La différence entre les femmes et les hommes réside dans le fait que les femmes, tout en usant des « fausses confidences », sont elles-mêmes trompées au bout du compte par les « fausses confidences » des hommes.

Ceux-ci, au contraire, sortent gagnants du jeu de la manipulation.

Les trompeurs trompés

Araminte

Araminte, malgré la ruse de ceux qui l'entourent, sait elle aussi pratiquer les « fausses confidences » pour parvenir à ses fins. Elle s'y livre surtout à la scène 13 de l'acte II, en affirmant à Dorante, pour observer ses réactions : « […] toute réflexion faite je suis déterminée à épouser le Comte ». La lettre qu'elle lui dicte ensuite n'est pas en réalité destinée au Comte, mais a pour but d'amener Dorante à se dévoiler. Cependant Araminte échoue.

Marton

Marton fait fréquemment usage de confidences qui sont davantage destinées à faire agir les autres dans le sens qui lui convient, qu'à établir la vérité. Ainsi, lorsqu'elle assure Mme Argante des qualités d'intendant de Dorante, elle parle au nom de son propre intérêt, puisque M. Remy l'a assurée de son mariage avec le jeune homme :

MADAME ARGANTE, *à Marton, à part.* – Je n'ai pas grande opinion de cet homme-là. Est-ce là la figure d'un intendant ? Il n'en a non plus l'air...

MARTON, *à part aussi.* – L'air n'y fait rien : je vous réponds de lui ; c'est l'homme qu'il nous faut. (I, 10.)

En outre, Marton laisse clairement entendre à Dorante qu'elle pousse Araminte à épouser le Comte :

MARTON. – [...] Au surplus que vous importe ce que vous direz à la fille, dès que la mère sera votre garant ? vous n'aurez rien à vous reprocher, ce me semble ; ce ne sera pas là une tromperie. (I, 11.)

Sa mauvaise foi est évidente («ce ne sera pas là une tromperie»), et elle ne tarde pas à avouer qu'elle agit par appât du gain.

Si nous étendons le sens de «fausses confidences» à des échanges intimes entre personnages, au cours desquels l'un ment à l'autre à des fins intéressées, nous pouvons admettre, alors, que Marton pratique l'art de la «fausse confidence».

En outre, Marton est une fausse confidente au sens où elle reçoit les confidences de sa maîtresse avec malhonnêteté, et où elle lui prodigue des conseils intéressés. Mais Marton est en même temps la dupe des «fausses confidences» de Dubois et de de celles de Dorante, puisque Dubois avait ordonné à Dorante dès la scène 2 de l'acte I :

DUBOIS. – [...] À propos, tâchez que Marton prenne un peu de goût pour vous. L'amour et moi nous ferons le reste.

Les virtuoses de la « fausse confidence »

Dorante et Dubois

Dorante allie mensonge et volonté de manipulation à l'égard de Marton :

MARTON. – En vérité, tout ceci a l'air d'un songe. [...] Votre amour me paraît bien prompt, sera-t-il aussi durable ?
DORANTE. – Autant l'un que l'autre, Mademoiselle. (I, 5.)

Ses propos mensongers visent à lui faire croire en son amour pour qu'elle se mette en rivalité avec Araminte; c'est ce que le public comprend. Dorante manipule donc bien Marton (II, 3 et 8) qui ne reconnaît son erreur devant Dubois qu'à la scène 2 de l'acte III : «Tu me l'avais bien dit, Dubois.»

De son côté, Dubois prétend dire la vérité à Marton en lui apprenant que Dorante «fait les yeux doux» (I, 17) à Araminte. Mais cet aveu n'est destiné, en premier lieu, qu'à inciter Marton à exhorter Araminte de garder Dorante. En second lieu, cette révélation devrait pousser Marton à vouloir se venger : ainsi, elle entre dans le piège de Dubois qui cherche à acculer Araminte au mariage devant le dévoilement public de ses amours. Marton est donc abusée au moment même où elle croit triompher, en donnant à lire au Comte la lettre dérobée (III, 8).

Dorante pratique les «fausses confidences» aussi bien avec Araminte qu'avec Marton. La scène 1 de l'acte I en est un bel exemple. Dorante y avoue avoir été le maître de Dubois en des termes qui confortent le récit de Dubois et laissent croire en leur brouille :

> DORANTE, *feignant un peu d'embarras.* – Il est vrai, madame : il est fidèle, mais peu exact. Rarement, au reste, ces gens-là parlent-ils bien de ceux qu'ils ont servis. Ne me nuirait-il point dans votre esprit ? (I, 1.)

L'«embarras» de Dorante doit laisser penser à Araminte qu'il a bel et bien quelque chose à cacher. De la sorte, Araminte devrait se sentir maîtresse du jeu, puisqu'elle croit en savoir plus sur Dorante que celui-ci ne le suppose. Mais elle ignore que Dorante sait qu'elle sait. Elle est donc doublement sa dupe.

Et elle le reste jusqu'à l'ultime aveu de Dorante qui, lui aussi, tisse le vrai et le faux, la vérité et le mensonge.

Le triomphe de Dorante

La surprise que cause le dénouement de la pièce vient du renversement qui s'effectue à la scène 12 de l'acte III, lorsque Dorante avoue à Araminte que Dubois et lui-même ont joué la comédie :

> DORANTE. – Dans tout ce qui s'est passé chez vous, il n'y a rien de vrai que ma passion, qui est infinie, et que le portrait que j'ai fait. Tous les incidents qui sont arrivés partent de l'industrie d'un domestique qui savait mon amour, qui m'en plaint, qui par le charme de l'espérance du plaisir de vous voir, m'a, pour ainsi dire, forcé de consentir à son stratagème : il voulait me faire valoir auprès de vous. (III, 12.)

Cette dernière confidence prétend dévoiler la supercherie : en fait elle déguise la réalité. Tout d'abord, elle n'est guère cohérente : on ne voit pas comment Dubois aurait «forcé» Dorante. Le «pour ainsi dire » est d'ailleurs la marque du décalage entre ce qui est dit et la réalité.

Ensuite, cette tirade fait comme si Dorante s'était lui-même laissé manipuler de bout en bout malgré lui. Le spectateur, pour avoir assisté à tous les conciliabules entre Dorante et Dubois, sait qu'il ne dit pas la vérité.

Enfin, en « avouant » le stratagème, le jeune homme fait d'une pierre deux coups. D'un côté, il joue la carte de la vérité, au risque, certes, de perdre Araminte, mais avec la perspective aussi de triompher définitivement dans son cœur par la proclamation de sa sincérité. D'un autre côté, il se réaffirme comme maître du jeu, après s'être laissé guider par Dubois : il élimine son complice en le trahissant et, ainsi, il affirme son pouvoir.

Par conséquent la parole de la vérité semble indissociable de la parole de la dissimulation à volonté manipulatrice.

Effectivement, Dorante manipule une dernière fois Araminte, en l'incitant à s'incliner définitivement devant les risques qu'il a pris en avouant. Et la jeune femme est conquise sans retour : « Ce trait de sincérité me charme [...] ». Dorante se donne du même coup le beau rôle : celui de victime de sa passion.

5 | Les relations entre maîtres et valets

Les rapports entre maîtres et valets sont complexes. Il y a souvent, dans le théâtre marivaudien, opposition et complémentarité entre le couple des maîtres à la recherche de l'amour, et le couple des serviteurs qui les précèdent et les guident dans cette quête. Dans *Les Fausses Confidences*, les frontières entre maîtres et valets s'estompent ou se brouillent de manière inattendue. Les valets semblent gagner en autonomie.

Ainsi, Marton est à la fois l'amie et la domestique d'Araminte, et en rivalité avec elle pour le même objet d'amour, Dorante. Certes, dans *Les Fausses Confidences*, Dubois est bien un valet au service de l'union des maîtres, mais son statut de valet reçoit un traitement sans précédent dans les comédies marivaudiennes. Valet dévoué à deux maîtres, il traite Dorante comme un «fils», et occupe une position de supériorité par rapport à lui et à Araminte. Autre figure novatrice, Dorante lui-même. Sa position d'«intendant» fait de lui un domestique mais cette fonction est un subterfuge au service de ses amours, ce qui suppose une certaine liberté dans ses relations aux maîtres.

MARTON : DOUBLE OU RIVALE D'ARAMINTE ?

Dans les comédies de Marivaux, la servante joue d'habitude le rôle de confidente de sa maîtresse. Elle l'aide à prendre conscience de la naissance de l'amour. Généralement, elle la devance aussi sur cette voie en tombant elle-même amoureuse, le plus souvent du valet de celui qu'aime sa maîtresse. Il se crée ainsi un parallélisme entre les amours des maîtres et ceux des valets.

Or, dans *Les Fausses Confidences*, il n'est pas question de parallélisme : Marton aime le même homme que sa maîtresse. Cela brouille la ligne de démarcation entre maître et serviteur, et la classification sociale de Marton devient délicate (voir «Les personnages : clivages sociaux et familiaux», p. 36-37). Maîtresse et servante sont à la fois le double et la rivale l'une de l'autre, phénomène sans précédent dans les comédies de Marivaux.

Marton, double d'Araminte

Dire que Marton est le double d'Araminte, c'est leur reconnaître à toutes deux des caractéristiques et des attitudes communes.

Tout le déroulement de l'action semble en effet fondé sur une gémellité entre les deux femmes. Bien sûr, le mariage décidé par M. Remy entre son neveu et Marton préfigure et annonce celui d'Araminte et de Dorante. Mais il y a plus. La manifestation du désir est le premier point qui unit ostensiblement les deux femmes dans une attitude commune. Marton reconnaît tout d'abord que Dorante est d'une apparence flatteuse : «[...] ce neveu-là est bon à montrer ; il ne dépare point la famille» (I, 4). À quoi Araminte fait bientôt écho : «[...] il a si bonne mine pour un intendant, que je me fais quelque scrupule de le prendre» (I, 6).

L'amour-propre, ensuite, est un point commun aux deux femmes. Elles sont autant flattées l'une que l'autre (II, 2 et II, 3) de voir Dorante refuser pour elles une femme riche – même si Marton le croit à tort. Amour-propre proche de la vanité, et qui pousse Marton aussi bien qu'Araminte à se croire à l'origine de la passion de Dorante et du portrait. D'où la scène comique de la découverte du portrait (II, 9), dans laquelle chacune des deux femmes est convaincue d'être l'objet peint.

Ce sont les didascalies qui suggèrent au lecteur la vanité d'Araminte désireuse de se découvrir peinte : «Araminte, *brusquement*» ; «Araminte *vivement* : Donnez donc.» Les deux adverbes indiquent à la fois l'impatience et l'espoir d'Araminte.

Maîtresse et suivante semblent ainsi mues par des ressorts semblables vis-à-vis de Dorante : volonté de mariage, désir, amour-propre. Ce qui explique en partie leur rivalité tout au long de la pièce.

▌Marton, rivale d'Araminte

La rivalité des deux femmes procède d'une double cause.

D'une part, la rivalité est facilitée par la position sociale instable de Marton, puisque celle-ci est la fille d'un père membre de la bourgeoisie financière mais ruiné (voir chap 2, p. 37). De ce fait, traitée « en amie » par Araminte, Marton occupe une position intermédiaire et floue auprès de sa maîtresse : ni vraiment amie, ni seulement suivante. Alors que dans les comédies marivaudiennes l'écart social séparant maître et serviteur est insurmontable, ici, il devient mouvant. Les deux femmes peuvent toutes deux envisager d'épouser le même homme sans bouleverser vraiment la hiérarchie sociale, puisque toutes deux sont de « bonne famille », et que seul l'argent fait la différence.

D'autre part, la rivalité est provoquée par deux hommes : involontairement par M. Remy, sciemment par Dubois. M. Remy souhaite en effet marier son neveu et Marton. La reconnaissance officielle de ce projet donne à Marton une grande confiance en soi et justifie son affrontement avec sa maîtresse au sujet du portrait (II, 9). En outre, Dubois, de son côté, nourrit ostensiblement la rivalité.

Une rivalité alimentée par Dubois

> DUBOIS. – Madame est bonne et sage ; mais prenez garde, ne trouvez-vous pas que ce petit galant-là fait les yeux doux ?
> MARTON. – Il les fait comme il les a.
> DUBOIS. – Je me trompe fort, si je n'ai pas vu la mine de ce freluquet considérer, je ne sais où, celle de Madame. (I, 17.)

En suscitant cette rivalité Dubois vise un double objectif :

– Le premier est d'intensifier l'amour de Marton pour Dorante, car la rivalité commence par susciter chez elle un sentiment de triomphe :

> MARTON, *riant en s'en allant* : Ah ! ah ! L'original avec ses observations ! (*Ibid.*)

Sentiment de triomphe qui sous-tendra l'affrontement de Marton avec Araminte au sujet du portrait et augmentera chez la maîtresse le désir de l'emporter sur sa suivante.

– Le deuxième objectif de Dubois est de préparer Marton à reconnaître la supériorité de son raisonnement afin qu'après sa déconvenue, la jeune femme se range du côté du valet pour se venger : «Tu me l'avais bien dit, Dubois» (III, 2). Elle le secondera alors dans ses plans, à son insu même, lors de l'affaire de la lettre.

Une lutte sans merci

Cette rivalité entraîne chez Marton, en premier lieu, la volonté de gagner la lutte engagée contre sa maîtresse et, en second lieu, la volonté de se venger après ses déceptions. En effet, elle découvre d'abord que ce n'est pas elle que Dorante a peinte (II, 9), puis elle surprend Dorante aux genoux d'Araminte (II, 15).

Par dépit, elle prend alors de plus belle le parti de Mme Argante. Ainsi, à partir de la scène 2 de l'acte III, tous ses efforts tendront à se débarrasser de Dorante : «Oh çà, Dubois, il s'agit de faire sortir cet homme-ci.»

Cet échange, au cours duquel Marton se montre très péremptoire, indique qu'elle ne soucie pas de l'amour naissant de sa maîtresse et qu'elle ne cherche pas à le protéger. Elle est donc bien éloignée du rôle usuel de la suivante. Toute la scène de la lettre prise à Arlequin (III, 3) puis lue publiquement (III, 8) manifeste la farouche détermination de Marton, qui n'a cure des sentiments de sa maîtresse. D'où la didascalie «*froidement*», qui indique la résolution et l'esprit de calcul :

> MARTON, *froidement*. – Ne vous pressez pas de le renvoyer, Madame ; voilà une lettre de recommandation pour lui, et c'est Monsieur Dorante qui l'a écrite. (III, 8.)

Une réconciliation suspecte

Nous avons malgré tout affaire à une comédie, et la pièce se finit donc sur une réconciliation entre les deux femmes, à l'initiative de Marton (III, 10).

Cependant, Marton ne cherche finalement la paix qu'une fois que sa maîtresse a prouvé qu'elle n'en ferait qu'à sa tête. Ainsi, à la fin de III, 8, Araminte a ordonné à Marton de sortir et refuse catégoriquement l'intendant proposé par le Comte. Marton ne se range donc du côté de sa maîtresse qu'une fois convaincue de l'échec du parti adverse. Et sa demande de réconciliation peut fort bien se justifier par un intérêt bien compris, puisque Araminte a toujours pris soin d'elle.

Il faut donc bien noter la finesse dont fait preuve Marton pour gagner Araminte à sa cause. Pour vaincre la résistance de sa maîtresse, Marton recourt à la flatterie, et nie toute culpabilité en rejetant sa faute sur « l'ignorance » et le « hasard » :

> MARTON. – Ah ! Madame, pourquoi m'avez-vous exposée au malheur de vous déplaire ? J'ai persécuté, par ignorance, l'homme du monde le plus aimable, qui vous aime plus qu'on n'a jamais aimé. (III, 10.)

Fort habilement, Marton efface toute trace de l'ancienne rivalité et rend à sa maîtresse une incontestable supériorité ; en même temps, elle dresse de Dorante et d'elle-même le portrait de deux êtres aussi accablés qu'innocents :

> MARTON. – Pourquoi avez-vous eu la cruauté de m'abandonner au hasard d'aimer un homme qui n'est pas fait pour moi, qui est digne de vous, et que j'ai jeté dans une douleur dont je suis pénétrée ? (*Ibid.*)

Enfin, Marton sous-entend que son amour était sincère et que la responsabilité de sa maîtresse est en cause – « la cruauté[1] ». Autrement dit, elle laisse entendre qu'Araminte aurait pu se montrer plus lucide et la détourner de ses illusions. Pur calcul : Marton n'a jamais considéré qu'elle ne méritait pas l'amour de Dorante, et ne s'est résignée à le perdre que confrontée à son échec. En outre, Marton dit avoir « perdu la confiance » d'Araminte, alors qu'il n'a jamais été question de confidences entre elles deux. Quant à la déclaration d'amitié finale de Marton – « rien ne m'est si cher que vous » –, elle rappelle un peu tard le dévouement traditionnel de la suivante, et n'a pas été confirmée par l'attitude de Marton dans toute l'affaire.

La relation Araminte-Marton est donc entachée d'ambivalence et peu conforme à la relation coutumière entre maîtres et serviteurs. Cela est dû en grande partie à la position sociale assez incertaine de Marton. Ce statut social peu tranché brouille les pistes et les codes, pousse Marton à rivaliser avec Araminte et à préférer ses intérêts et ses sentiments à ceux de sa maîtresse.

---

1. Le terme de *cruauté*, qui relève du vocabulaire de la tragédie, cherche donc à émouvoir très fortement Araminte.

DUBOIS, VALET DE DEUX MAÎTRES

Ancien valet de Dorante entré au service d'Araminte «depuis deux mois», Dubois est en somme le valet de deux maîtres. Cette situation lui confère une certaine duplicité. Capable de percer à jour Dorante et Araminte et de les mener à sa guise vers le dénouement, il manifeste sur eux une supériorité éclatante. Par conséquent, son lien avec Dorante et Araminte est très ambivalent : à la fois marqué de respect et d'insolence, d'affection et de rivalité.

La duplicité de Dubois

C'est surtout par rapport à Araminte que se manifeste le double jeu de Dubois. En effet, bien qu'il soit entré à son service, Dubois sert avant tout les intérêts de Dorante, qui l'en remercie vivement : «[…] il t'est venu dans l'esprit de faire ma fortune ! en vérité, il n'est point de reconnaissance que je ne te doive.» (I, 2.)

De ce fait, Dubois entretient avec Araminte une relation qui, en apparence, est empreinte de confiance et de complicité mais qui, en réalité, se fonde sur le mensonge et la trahison. Ainsi, lorsque Araminte le prie de garder le secret, il répond : «Je n'en ai jamais parlé qu'à Madame» (I, 14). Or non seulement il a longuement parlé de cet amour avec Dorante (I, 2) mais, en outre, il ne tardera pas à trahir le secret lors de l'affaire du tableau puis de la lettre.

Sous couvert d'encourager Araminte à renvoyer Dorante, il ne cesse de semer le trouble dans son esprit par des flatteries, et par l'assurance de l'amour fidèle de Dorante (II, 12). Dubois ne parle donc jamais à Araminte à cœur ouvert, ce qui est contraire aux rapports usuels entre maîtres et valets dans les comédies marivaudiennes. Certes, conformément à l'usage, Dubois, serviteur d'Araminte, lit dans son cœur et pressent l'amour à naître avant qu'Araminte elle-même n'en ait conscience. C'est bien là le rôle habituel des valets, qui accompagnent leurs maîtres dans la prise de conscience de l'amour. Mais, dans *Les Fausses Confidences*, Dubois provoque en fait cet amour plutôt qu'il ne le pressent. Il le fait naître, l'encourage et oblige quasiment Araminte à le reconnaître et à le revendiquer.

En outre, l'attitude de Dubois à l'égard d'Araminte est empreinte de dureté, voire de cruauté. Ainsi, il emploie en parlant d'elle des métaphores assimilant la conquête amoureuse à une guerre et une chasse à courre : «Oh ! oui : point de quartier, il faut l'achever pendant qu'elle est étourdie. Elle ne sait plus ce qu'elle fait.» (III, 1.) Araminte apparaît comme un animal traqué, sans échappatoire.

Aussi la condamnation finale de Dubois par Araminte sonne-t-elle, malgré tout, comme un verdict assez juste : «C'est vous qui avez répandu tous les soupçons qu'on a eus sur mon compte, et ce n'est pas par attachement pour moi que vous m'avez appris qu'il m'aimait, ce n'est que par le plaisir de faire du mal.» (III, 10.)

▌La supériorité de Dubois

Elle s'affiche dès la scène d'exposition (I, 2) et ne se dément pas jusqu'à la fin de la pièce. Elle est conforme à la supériorité habituelle des valets sur leurs maîtres : en effet, les valets de Marivaux sont généralement plus clairvoyants que leurs maîtres, et raisonnent avec davantage de bon sens. Mais, dans *Les Fausses Confidences*, cette supériorité prend un aspect presque inquiétant par l'aspect calculateur et manipulateur qu'elle recouvre (voir «Structure de la pièce», p. 46 et «Le sens du titre», p. 55).

Un valet maître de lui-même

La supériorité de Dubois paraît venir en particulier de sa parfaite maîtrise de lui-même, de son «sang-froid» (III, 1) et de sa qualité de parfait comédien. Il peut simuler à loisir la colère devant les maîtres (II, 10), l'humilité avec Araminte (II, 12). Les didascalies soulignent souvent qu'il feint les sentiments qu'il manifeste («*comme étonné*», III, 9). Et le spectateur assiste au brutal changement d'attitude de Dubois lorsqu'il a obtenu ce qu'il désirait. Ainsi, lorsque Araminte le renvoie sans ménagements :

> Dubois *s'en va en riant.* – Allons, voilà qui est parfait. (III, 9.)

Cette attitude contraste avec la colère d'Araminte, et prouve que Dubois demeure toujours maître de soi, qu'il joue seulement les divers sentiments qui semblent l'agiter.

Dubois, maître ou valet ?

Lors du premier entretien entre Dorante et Dubois, celui-ci apparaît sous les traits d'un valet désintéressé et capable d'éprouver pour son ancien maître des sentiments authentiques :

> DUBOIS. – Laissons cela, Monsieur ; tenez, en un mot, je suis content de vous, vous m'avez toujours plu ; vous êtes un excellent homme, un homme que j'aime, et si j'avais bien de l'argent, il serait encore à votre service. (I, 2.)

Pourtant, l'expression «je suis content de vous» est davantage celle d'un maître que d'un valet. Aussi les relations entre Dubois et Dorante paraissent-elles ici inversées. En manifestant ses sentiments envers le jeune homme, ainsi que son complet désintéressement, Dubois adopte au fond une attitude de maître. Il manifeste sa liberté en choisissant les intérêts de celui qui n'est plus son maître, au détriment de ses propres intérêts. De fait, il n'y gagnera même pas d'argent.

De plus, sa prééminence sur Dorante et Araminte est incontestable en matière de connaissance du cœur humain. Son pouvoir est si grand que de sa lucidité dépend le mariage de Dorante. Cette intuition, cette connaissance du cœur sont traditionnellement l'apanage des valets marivaudiens. Mais, dans *Les Fausses Confidences*, elles sont poussées à leur comble : Dubois apparaît comme un personnage exceptionnel. Ce pouvoir de Dubois fait de lui une figure originale, qui possède certains attributs du maître tout en jouant avec la plus grande adresse de son statut de valet.

Cependant, la manière dont il traite Dorante tout au long de l'action dramatique montre combien son rôle de valet est ambivalent. Dubois traite en effet Dorante et Araminte sans ménagement et sans pitié. À l'égard de Dorante, il n'épargne, par exemple, ni les railleries ou l'ironie (I, 3), ni les marques de son agacement : «Oh! vous m'impatientez avec vos terreurs» (I, 2). Quant à Araminte, il la traite parfois très cruellement. Certes, un tel comportement peut se justifier par le but poursuivi (le bonheur de Dorante) et la nécessité d'aller vite. Cependant, cette dureté de Dubois en fait un personnage ambivalent : un valet aussi dévoué que terrible et un serviteur agissant en maître.

La lutte du maître et du serviteur

Les propos de Dubois semblent révéler une sorte de rêve d'union intime avec le corps, interdit, du maître : «Il faut qu'elle nous épouse» (III, 1), affirme-t-il à Dorante. Le pronom «nous» l'associe à Dorante, mais aussi à Araminte, dans une fusion totale. Ce qui est une manière symbolique de s'élever au-dessus de sa condition.

Ce rêve d'élévation symbolique et de pouvoir sur les maîtres explique donc l'ambivalence de Dubois. Au fond, on peut penser que le complot de Dubois et Dorante représentait le meilleur moyen pour Dubois de posséder un pouvoir sur les maîtres. En effet, si Dorante n'avait rien avoué à Araminte, Dubois aurait eu du pouvoir sur Dorante : celui-ci aurait été dans la nécessité de se taire et d'espérer le silence de Dubois. Dubois aurait eu également du pouvoir sur Araminte dans la mesure où lui aurait su la vérité, alors qu'elle aurait simplement cru savoir la vérité. Car rien ne permet de penser que les deux comparses, Dorante et Dubois, avaient prévu que Dorante dévoilerait finalement le complot (III, 12). La surprise d'Araminte prouve d'ailleurs que le déroulement des événements avait pris un tour plausible, et qu'elle ne soupçonnait rien.

Mais Dubois ne parvient pas à garder ce pouvoir, et son plan est déjoué par Dorante. Le maître reste seul détenteur du pouvoir à la fin de la pièce. La fonction de chacun reste bien partagée : le serviteur transforme la réalité, agit sur les autres ; le maître, lui, profite du travail de son serviteur et jouit de ses résultats.

DORANTE, UN MAÎTRE MASQUÉ

La position de Dorante est la plus complexe des trois situations envisagées. En effet, il n'a choisi d'entrer au service d'Araminte que pour obtenir celle qu'il aime. Son emploi d'intendant relève d'un projet intentionnel, non d'une nécessité. Bien que Dorante n'ait pas d'argent, il n'est dit nulle part qu'il se soit vu dans l'obligation de prendre du service.

Ce rapport particulier à sa situation de serviteur, condition choisie et non subie, explique la manière assez libre dont Dorante vit son statut. Ses manières avec Arlequin sont celles d'un maître, et son rapport avec Mme Argante frise l'insolence.

Quant à sa relation avec Araminte, elle relève davantage d'un jeu galant au service de son projet amoureux que d'un rapport de subalterne à supérieur (voir «La naissance de l'amour», p. 74).

Un valet maître d'un valet

Avec Arlequin, qu'Araminte lui «donne» (I, 8), Dorante se comporte deux fois en maître. D'une part, Arlequin réclame qu'il se conduise en maître en lui demandant des gages, ce qui est une filouterie puisque Arlequin est de toute façon payé par Araminte.

> ARLEQUIN. – Un moment, avec votre permission. Monsieur, ne payerez-vous rien ? Vous a-t-on donné ordre d'être servi gratis ? (*Dorante rit.*) [I, 9.]

Le rire est la marque de la distance critique que prend le maître par rapport à l'insolence du serviteur. Il s'oppose à la naïveté d'Arlequin qui prend les propos de sa maîtresse au pied de la lettre («Ma personne ne m'appartiendra donc plus ?» I, 8). Dans un deuxième temps, Dorante accède à la demande d'Arlequin : «Arlequin a raison. Tiens, voilà d'avance ce que je te donne.» (I, 9.)

D'autre part, Arlequin demande à Dorante un «don personnel qui fasse vraiment de lui son maître[1]» (ce qui est une «conception archaïque du service, relation de personne à personne»). En même temps, Dorante doit le payer pour qu'il cesse les insinuations qui les mettent tous deux sur un pied d'égalité. La relation au maître reste donc bien une relation de profit. C'est par le double engagement du don et des gages que Dorante accède au statut de maître d'Arlequin. Et son affirmation «Arlequin a raison» montre qu'il réagit bien en maître, puisqu'il entend parfaitement ce qu'Arlequin attend de lui.

Un valet insolent

Avec Mme Argante, Dorante instaure un rapport de force : il ne répond à l'autorité et au mépris de la maîtresse de maison que par une obstination égale à la sienne. Leur affrontement essentiel a lieu au premier acte (I, 10), lorsque Mme Argante tente de faire de Dorante son allié.

---

1. Ici, nous empruntons directement notre analyse à l'ouvrage de René Démoris, *Les Fausses Confidences de Marivaux, l'être et le paraître*, Paris, Éd. Belin, 1987.

La franchise de Dorante laisse transparaître une certaine fierté, et la réponse («je n'ai encore été chez personne») est le contraire de celle qu'attendait Mme Argante. Elle suppose en effet que jusque-là Dorante n'a jamais été que maître, et non serviteur.

Ses propos montrent l'assurance du jeune homme, qui n'hésite pas ensuite à faire comme s'il n'avait pas compris les paroles de Mme Argante, puis à refuser directement sa proposition : «Mais, Madame, il n'y aurait point de probité à la tromper.»

L'attitude de Dorante avec Mme Argante manifeste donc des manières de maître : conscience de sa valeur, fierté, liberté de parole.

La fidélité absolue dont il fait preuve à l'égard d'Araminte, son désintéressement par rapport à l'argent, le langage châtié qu'il emploie, ainsi que son obstination, voire son impertinence, sont bien les signes que Dorante, malgré son emploi de «domestique», appartient fondamentalement au monde des maîtres.

6 | La naissance de l'amour

Le traitement du thème de l'amour, dans *Les Fausses Confidences*, présente deux particularités :

– d'une part, la naissance de l'amour ne se produit que chez l'un des deux amoureux : Araminte. Elle est donc la seule, dans le couple, à subir une évolution du début à la fin, observée par Dorante et Dubois ;

– d'autre part, la naissance de l'amour chez Araminte est redoublée par la naissance du même sentiment chez Marton pour le même Dorante.

Les moyens mis au service de la naissance de l'amour sont variés et surtout imaginés par Dubois. Mais l'attitude et les propos de Dorante, conformes à ceux d'un personnage romanesque, sont les atouts essentiels du jeune homme.

En réalité, dans *Les Fausses Confidences*, la naissance de l'amour est davantage le résultat d'un artifice que le fruit d'échanges libres et spontanés entre les personnages. Cette absence de spontanéité dans le rapport amoureux conduit à s'interroger sur la présence d'un véritable marivaudage dans la comédie.

L'ORIGINE DE L'AMOUR : LE REGARD

Dans *Les Fausses Confidences*, l'origine de la naissance de l'amour semble davantage fondée sur le regard que sur la parole. Ce qui confère encore à cette comédie une certaine originalité. En effet, la naissance de l'amour est d'habitude inséparable de l'échange par le dialogue puisque le personnage prend conscience de son amour en parlant. Ici, c'est le regard qui joue le premier rôle.

Dorante et l'apparition

L'amour est déjà né chez Dorante lorsque la pièce commence. Dubois narre cette naissance à Araminte, en présentant la jeune femme comme une foudroyante apparition : « il vous vit descendre l'escalier, à ce qu'il me raconta, et vous suivit jusqu'à votre carrosse» (I, 14). C'est donc la vue d'Araminte parée de ses atours en un lieu célèbre qui provoque l'«extase» de Dorante. Cet amour s'est donc fondé sur le regard et nullement sur le langage. Ce n'est pas par l'intermédiaire de la parole que Dorante a peu à peu découvert ses sentiments, comme tel est habituellement le cas dans les comédies de Marivaux. À partir de là, Dubois et Dorante ont conçu un plan destiné à faire naître en Araminte un amour réciproque.

En fait, la raison de l'assurance de Dubois repose sur sa confiance dans le désir humain. C'est Dorante qui donne d'abord le ton : «Je l'aime avec passion, et c'est ce qui fait que je tremble» (I, 2). Le substantif *passion* et le verbe *trembler* indiquent la forte mise en jeu du corps dans le sentiment amoureux. L'amour est indissociable du désir. C'est d'ailleurs pour cette raison que Dubois avait peu de temps avant détaillé les avantages de Dorante : «Voilà une taille qui vaut toutes les dignités possibles, et notre affaire est infaillible, absolument infaillible ; il me semble que je vous vois en déshabillé dans l'appartement de Madame.» (I, 2.) Dubois commence et finit sa phrase par une allusion au physique avantageux de Dorante. Quant à la «vision» du valet, elle souligne, par l'intimité du tableau proposé, l'enjeu du désir et du corps dans la conquête d'Araminte. Tel est là, finalement, l'argument essentiel de son projet et la cause de sa certitude. Dorante, bel homme, ne peut que susciter le désir d'Araminte. Ce qui est sous-entendu dans la phrase : «Quand l'amour parle, il est le maître, et il parlera» (I, 2).

La contemplation d'Araminte

De fait, les premiers mots d'Araminte concerneront le physique de Dorante. Le regardant passer elle commence par interroger Marton à son sujet, signe de son intérêt :

> ARAMINTE. – Marton, quel est donc cet homme qui vient de me saluer si gracieusement, et qui passe sur la terrasse ? Est-ce à vous qu'il en veut ?
> MARTON. – Non, Madame, c'est à vous-même.
> ARAMINTE, *d'un air assez vif.* – Eh bien qu'on le fasse venir, pourquoi s'en va-t-il ? (I, 6.)

Les deux relatives – «qui vient de me saluer», «qui passe» – soulignent l'attention qu'Araminte porte aux gestes et à l'attitude de Dorante. La didascalie «*d'un air assez vif*» indique son intérêt, tandis que l'ordre «qu'on le fasse venir» suggère l'effet immédiat que la vue de Dorante provoque chez Araminte. Elle ne demande même pas le motif de sa visite.

Les remarques qui suivent insistent sur la séduction de Dorante : «il a vraiment très bonne façon», et «il a si bonne mine pour un intendant que je me fais quelque scrupule de le prendre» (I, 6). Cette ombre de culpabilité manifeste déjà les prémices de l'amour naissant, et Araminte a déjà décidé d'engager Dorante avant même de lui avoir adressé la parole.

Le regard joue donc un rôle absolument fondamental pour la naissance de l'amour entre Dorante et Araminte. Par le jeu du regard, l'amour-passion a manifesté ses premiers signes avant tout échange verbal entre les deux personnages.

NAISSANCE DE L'AMOUR
ET IMAGINATION

Le lien entre amour et imagination est primordial dans *Les Fausses Confidences*. Dans un monde défini par la volonté de l'enrichissement et du profit, le pouvoir de l'imagination incarné par Dorante excerce un attrait irrésistible sur le coeur d'Araminte. Issu en droite ligne d'une double référence au monde de la fiction, la courtoisie et la tradition romanesque et théâtrale, Dorante sait faire de l'imagination un instrument de séduction redoutable.

▌Dorante, un héros courtois

Tout au long de la pièce, Dorante parle et agit en véritable héritier de la tradition des romans de chevalerie du Moyen Âge. Dès ses premières descriptions, Dubois assimile le jeune homme à l'idéal de l'amant courtois.

Les valeurs de la courtoisie

L'amant courtois est entièrement inféodé à celle qu'il aime et désintéressé au point de ne «jamais parler de son amour» :

DUBOIS. – Oh ! il ne faut pas en avoir peur ; il mourrait plutôt. Il a un respect, une adoration, une humilité pour vous, qui n'est pas concevable. Est-ce que vous croyez qu'il songe à être aimé ? Nullement. Il dit que dans l'univers il n'y a personne qui le mérite ; il ne veut que vous voir, vous considérer, regarder vos yeux, vos grâces, votre belle taille ; et puis c'est tout : il me l'a dit mille fois. (I, 14.)

Les nombreuses hyperboles cherchent à présenter Dorante comme un être d'exception, d'élection. Le ton est donné : Dorante aimera en silence, dans le sacrifice de soi. Il incarne le véritable idéal de l'amant entièrement dévoué à sa dame. Les valeurs de la courtoisie, qui se sont constituées dans la civilisation occidentale du XIIe siècle, sont la fidélité, la générosité, la discrétion. Envers les dames, l'amant courtois se conduit par conséquent avec humilité, douceur, refus du mensonge et de la lâcheté. Une telle attitude ne peut que séduire Araminte en l'arrachant aux habitudes de son milieu où l'argent est le maître mot.

Dorante, amant et serviteur

On constate alors que le masque d'intendant sert magnifiquement les desseins de Dorante, car le langage du serviteur et celui de l'amant courtois sont finalement de même nature. Dans la *fin'amor*[1], la relation amoureuse est calquée métaphoriquement sur la relation féodale : la dame est le suzerain, l'homme son vassal. Du côté de l'homme, l'amour s'exprime en termes de « service ».

Ainsi, l'une des premières tirades de Dorante à Araminte doit être comprise dans un double sens :

DORANTE. – Je ne sens rien qui m'humilie dans le parti que je prends, Madame ; l'honneur de servir une dame comme vous n'est au-dessous de qui que ce soit, et je n'envierai la condition de personne. (I, 7.)

Même si Araminte ne perçoit pas son sens implicite, elle est touchée par cette déclaration, digne effectivement d'un héros de roman. En effet elle lui retourne ce désir de « service » : « et si, dans les suites, il y avait occasion de vous rendre service, je ne la manquerai point » (*ibid.*). Voilà donc Araminte et Dorante liés finalement par un premier engagement verbal d'inspiration courtoise.

---

1. Nom que porte l'amour courtois dans le midi de la France.

Dorante insistera une deuxième fois sur ses qualités après l'affaire du tableau : « J'ai tout quitté pour avoir l'honneur d'être à vous, je vous suis plus attaché que je ne puis le dire ; on ne saurait vous servir avec plus de fidélité et de désintéressement ; et cependant je ne suis pas sûr de rester » (II, 13). On voit à quel point la figure du serviteur et celle de l'amant se confondent. Et le fait que Dorante fasse appel à la protection d'Araminte renforce en elle la conscience de sa position de force, jointe à une compassion qui ne demande qu'à s'affirmer : « tous leurs petits complots n'aboutiront à rien ; je suis la maîtresse » (*ibid.*).

Dorante, un héros de fiction

Sur cette contenance d'amant courtois se greffent un langage et des attitudes tout droit venus de la double tradition romanesque et théâtrale.

Le fait que Dorante ait peint le portrait d'Araminte, donc de la femme aimée, l'assimile à toute une tradition de personnages romanesques. Le thème de l'amour peintre est en effet un lieu commun de la littérature. Il peut prendre plusieurs formes : commande du portrait, vol du portrait[1].

En outre, le langage de Dorante se moule sur celui des héros de roman. Sa lettre en est le meilleur exemple. C'est la critique sarcastique que Mme Argante en fait à haute voix qui souligne le mieux cette caractéristique du langage de Dorante :

> LE COMTE *lit haut.* – Je vous conjure, mon cher ami, d'être demain sur les neuf heures du matin chez vous ; j'ai bien des choses à vous dire. Je crois que je vais sortir de chez la dame que vous savez. Elle ne peut plus ignorer la malheureuse passion que j'ai prise pour elle, et dont je ne guérirai jamais.
> MADAME ARGANTE. – De la passion ! Entendez-vous, ma fille ? (III, 8.)

Le ton emphatique (« je vous conjure ») s'apparente au tragique que renforce l'expression « malheureuse passion ». La « passion » est bien le lot de l'amoureux de roman ou du personnage tragique – et la « malheureuse passion » a des accents presque raciniens[2]. Juste

---

1. Voir, par exemple, *La Princesse de Clèves* et *Zaïde*, de Mme de Lafayette.
2. Le thème des tragédies de Racine (1639-1699) est généralement une passion amoureuse impossible, condamnée.

avant, Mme Argante avait raillé l'expression employée par Dorante :

> MADAME ARGANTE, *ironiquement*. – Son sort ! Le sort d'un inten-
> dant : que cela est beau ! (III, 7.)

Le «sort d'un intendant» est ici une antithèse. Le terme *sort* relève effectivement lui aussi du registre tragique, et se trouve en décalage avec la condition sociale présente de Dorante.

Autre détail qui apparente Dorante à un héros romanesque : le jeune homme prétend vouloir s'embarquer... Cette résolution est un événement fréquent dans les romans d'aventures de la fin du XVIIe siècle. Dorante revendique donc un mode d'être issu de la tradition littéraire, qui ne peut que fasciner Araminte.

Le moment même où Dorante découvre à Araminte le subterfuge (III, 12) n'échappe pas à cette inscription dans une lignée héroïque. En effet, l'amoureux déguisé en intendant trouve son origine et sa justification dans la comédie moliéresque (*L'Avare*[1]). Aussi Araminte peut-elle passer outre à l'humiliation d'avoir été dupée. Ce choix de l'artifice est depuis longtemps cautionné par la tradition théâtrale : «il est permis à un amant de chercher les moyens de plaire, et on doit lui pardonner, lorsqu'il a réussi.» (III, 12.)

On voit quel rôle essentiel joue l'imagination dans *Les Fausses Confidences*. Ce qui y est mis en évidence, c'est le lien très puissant entre amour et imaginaire. Pour aimer, il faut pouvoir imaginer l'amant comme différent de soi, il faut pouvoir l'idéaliser et le parer de qualités extraordinaires. À ce titre, l'argent ou les titres sont secondaires ; c'est ce que Dubois avait fort bien compris.

---

1. Valère y obtient la fonction d'intendant d'Harpagon pour se rapprocher de la fille de ce dernier.

7 | Le marivaudage

Dans la plupart des comédies de Marivaux, c'est au fil des dialogues que les amoureux découvrent les sentiments qu'ils éprouvent l'un pour l'autre. Le langage est le lieu de l'expérimentation de l'amour, le moyen par lequel le sentiment amoureux devient conscient. C'est ce que l'on appelle le *marivaudage*, en employant ce terme dans son sens positif.

Dans *Les Fausses Confidences*, le marivaudage acquiert un statut original du fait que la découverte de l'amour ne concerne que la seule Araminte, et que l'ensemble des dialogues a été organisé, pensé d'avance par Dubois et Dorante. Confrontée à l' « artifice » de Dorante, seule Araminte improvise vraiment, ce qui confère au marivaudage un statut problématique. Y a-t-il ou non marivaudage dans cette comédie ?

L'« ARTIFICE » DE DORANTE

Le décalage entre Dorante et Araminte vient du fait que Dorante suit un canevas qu'il a préalablement mis au point avec Dubois, tandis qu'Araminte doit improviser en fonction des situations qui lui sont présentées. Mais son improvisation même est en réalité prévue dans ses grandes lignes par Dubois : « Si vous lui plaisez, elle en sera si honteuse, elle se débattra tant, elle deviendra si faible, qu'elle ne pourra se soutenir qu'en épousant » (I, 2). Non seulement Dubois prévoit donc la résistance d'Araminte mais il sait, en outre, provoquer sa curiosité et sa satisfaction (I, 14) ou piquer sa jalousie en lui opposant des rivales. L'espace de liberté laissé aux deux amants est donc très faible, voire inexistant. Et ce d'autant plus qu'Araminte se croit libre, puisqu'elle ignore que Dorante sait qu'elle sait, alors qu'en réalité elle est observée et manœuvrée par Dorante.

Ainsi, plusieurs scènes qui pourraient être considérées comme du marivaudage, moment où les personnages en s'affrontant découvrent leur amour, n'en sont pas. À partir du moment où Dorante joue à être intendant, on peut supposer que tous les sentiments qu'il manifeste sont plus ou moins simulés pour obtenir un résultat : « il n'y a rien de vrai que ma passion » (III, 12). Par exemple, à bien lire la scène 15 de l'acte I, on s'aperçoit que Dorante manipule Araminte alors même que celle-ci croit mener l'action à sa guise :

> DORANTE. – Je ne suis pas heureux ; rien ne me réussit, et j'aurai la douleur d'être renvoyé.
> ARAMINTE, *par faiblesse*. – Je ne dis pas cela. Il n'y a rien de résolu là-dessus. (I, 15.)

La didascalie (« *par faiblesse* ») indique l'effet des plaintes de Dorante sur Araminte. En manifestant sa tristesse, conforme en cela au portrait que Dubois a fait de lui en homme désespéré (I, 14), ainsi qu'en sous-entendant la force de son amour, Dorante suscite la compassion d'Araminte.

Le contraste est frappant entre ces propos de Dorante et son commentaire à Dubois dans la scène suivante : « Qu'elle est aimable ! Je suis enchanté ! » (I, 16.) Cette remarque montre une satisfaction dénuée de tout désespoir, contrastant avec la tristesse précédente. Du coup celle-ci paraît bien relever d'un jeu, d'un artifice.

L'IMPROVISATION D'ARAMINTE

Il y a cependant un instant où Araminte reprend la direction des événements, en cherchant à pousser Dorante à se dévoiler : « [...] j'ai envie de lui tendre un piège », disait-elle à Dubois (II, 12). Elle simule en effet la volonté d'épouser le Comte (II, 13) et observe les réactions de Dorante alors qu'elle lui demande d'écrire sa réponse au Comte. L'attitude de Dorante à ce moment est bien celle d'un jeune amoureux puisqu'il perd son sang-froid et sa conviction habituelle, « *reste rêveur* » et manifeste de la « *distraction* » :

> ARAMINTE. – Écrivez. « Hâtez-vous de venir, Monsieur ; votre mariage est sûr... » Avez-vous écrit ?
> DORANTE. – Comment, Madame ?
> ARAMINTE. – Vous ne m'écoutez donc pas ? « Votre mariage est sûr ; Madame veut que je vous l'écrive, et vous attend pour vous le dire. »

> (*À part.*) Il souffre, mais il ne dit mot. Est-ce qu'il ne parlera pas ?
> «N'attribuez point cette résolution à la crainte que Madame pour-
> rait avoir des suites d'un procès douteux.» (II, 13.)

L'aparté d'Araminte montre sa volonté que Dorante se déclare. Ce qu'elle souhaite finalement, c'est un vrai moment de marivauda-ge : un moment où le sujet de leur dialogue serait l'amour. En effet, peu avant elle disait à Dubois : «Il est vrai qu'il me fâcherait s'il par-lait ; mais il serait à propos qu'il me fâchât.» (II, 12.) L'aveu de Dorante est certes présenté comme le prétexte nécessaire à son renvoi. Mais, en vérité, cette réflexion d'Araminte marque la pro-gression de ses sentiments pour Dorante, et la volonté de s'en-tendre dire qu'elle est aimée.

Ce que montre la scène 13 de l'acte II, c'est que l'astuce, l'ingé-niosité sont aussi bien du côté d'Araminte que de celui de Dorante, et que les mêmes «pièges» sont finalement employés par Araminte et par Dorante : la menace constituée par le rival, la fausse confi-dence (voir «Le sens du titre», p. 56). Ce qui suppose la valeur uni-verselle de ces stratagèmes et la nécessité de savoir jouer la comé-die en amour.

Cependant, le marivaudage oblige à prendre certains risques dont Dorante paraît avoir peur.

LA PEUR DE MARIVAUDER

Il est en effet frappant de constater l'absence d'initiative de la part de Dorante. Confronté à l'inconnu, à l'inattendu, il ne tente rien, aucun coup d'éclat, pour obtenir celle qu'il aime. Il constate sa défai-te dans un aparté, et tente de faibles protestations :

> DORANTE, *à part*. – Ciel ! je suis perdu. Mais, Madame, vous n'aviez
> aucune inclination pour lui.
> ARAMINTE. – Achevez, vous dis-je... (II, 13.)

On constate en dernier ressort la difficulté qu'éprouve Dorante à improviser en l'absence de consignes données par Dubois : «Dubois ne m'a averti de rien», se dit-il à lui-même. Autrement dit, Dorante, livré à ses seuls moyens, est bien incapable de parler d'amour, de marivauder comme le souhaiterait Araminte. Or le marivaudage est ce dialogue qui permet à chacun, en se risquant à parler de ses sentiments, de découvrir l'autre et de se découvrir soi-même. Ce mutisme de Dorante est donc à comprendre comme une peur de l'autre, de la femme.

En outre, ce silence signifie aussi un amour de soi très grand. De fait, Dorante refuse d'entamer la bonne image qu'il a de lui en prenant le risque d'avouer son amour au moment où la situation semble désespérée. En effet, tant qu'il pouvait prévoir les paroles d'Araminte, il ne risquait rien. Oser se déclarer sans directives de Dubois, c'est risquer de tout gagner, ou de tout perdre.

Finalement, l'intervention de Marton (II, 14) rend à la relation des deux amoureux son allure habituelle (II, 15) : Araminte se retrouve en situation de rivalité et cherche à être rassurée par Dorante. À partir de ce moment, Dorante retrouve les paroles et les gestes de l'amoureux romanesque. L'initiative reste pourtant dévolue à Araminte, qui dévoile le portrait. Mais l'incident était prévu, et toute la fin de la scène marque le retour de Dorante à la feinte, qui culmine avec la dernière didascalie :

> ARAMINTE. – Ah ciel ! c'est Marton ! Elle vous a vu.
> DORANTE, *feignant d'être déconcerté.*– Non, Madame, non ; je ne crois pas ; elle n'est point entrée. (II, 15.)

La différence de ton entre l'effroi d'Araminte et la tranquillité de Dorante suggère à quel point ce dernier a recouvré la maîtrise de soi et des événements. Araminte est bien prise au piège et acculée peu à peu vers la reconnaissance de son amour.

LE STATUT AMBIGU DU MARIVAUDAGE

Très paradoxalement, le moment d'intimité et de découverte mutuelle de l'amour entre les amoureux, caractéristique du marivaudage, est donc quasiment inexistant dans cette comédie. Dorante s'y soustrait, et Dubois refuse à Araminte tout secret, tout échange véritablement confidentiel : «Ne voyez-vous pas bien qu'elle triche avec moi, qu'elle me fait accroire que vous ne lui avez rien dit ? Ah ! je lui apprendrai à vouloir me souffler mon emploi de confident pour vous aimer en fraude» (III, 1). Réflexion qui s'explique par la volonté de pouvoir de Dubois.

Le résultat est qu'Araminte se trouve sommée de reconnaître cet amour avant même d'avoir eu le temps de le sentir grandir, d'en reconnaître les signes. Elle est à la fois guidée dans ses sentiments et soumise constamment au regard des autres. L'affaire du portrait et du tableau (II, 10), suivie de celle de la lettre (III, 8) la mènent au scandale et à la nécessité de prendre rapidement son parti devant sa mère et le Comte. Le scandale vient du fait qu'une riche bourgeoise ne peut, selon les bienséances, épouser son propre domestique. Rien dans l'action ne ressemble donc à un duo amoureux menant chacun vers sa vérité à travers les caprices du dialogue.

Pourtant, une scène ressemble assez à du marivaudage : la scène des aveux (III, 12), où l'échange entre les deux jeunes gens conduit à la reconnaissance de l'amour par le mode du détour. Ils y parlent en effet sur le mode de la négation et de l'hypothèse (au conditionnel) pour parvenir à la découverte de l'amour au présent :

> ARAMINTE. – Vous donner mon portrait ! Songez-vous que ce serait avouer que je vous aime ?
> DORANTE. – Que vous m'aimez, Madame ! Quelle idée ! qui pourrait se l'imaginer ?
> ARAMINTE, *d'un ton vif et naïf.* – Et voilà pourtant ce qui m'arrive.
> (III, 12.)

Mais, aussitôt après cet aveu, Araminte apprend que tous les propos et agissements de Dorante ont été guidés par « l'industrie d'un domestique ». De telle sorte que tout ce qui vient de se dire tombe rétrospectivement sous le coup de l' « artifice », ou des « incidents » organisés par Dubois.

La part du marivaudage est donc finalement réduite dans *Les Fausses Confidences*. Cela tient sans doute au rôle particulier que jouent les hommes dans la pièce : le pouvoir masculin prive la femme de tout libre cheminement vers l'amour. La rencontre de l'amour est, ici, guidée et dirigée sans ménagements et sans merci. Et Dorante est le seul détenteur du vrai et du faux, sans qu'Araminte puisse jamais démêler en lui la part de la sincérité et celle du jeu.

8 | L'être et le paraître

Être et paraître sont deux mots clés des *Fausses Confidences*. En effet, la pièce est fondée pour beaucoup sur le jeu de Dubois et de Dorante, qui feignent d'être ce qu'ils ne sont pas : Dorante joue à être intendant, et Dubois joue à être l'ennemi de Dorante. Il y a donc d'emblée un décalage entre être et paraître, entre la personne et le rôle. Ce décalage confère au rôle son efficacité : le paraître semble mener à l'être.

Mais cette distorsion entre être et paraître ne se résorbera pas réellement à la fin de la comédie. Être et paraître sont sans doute, au bout du compte, indissociables l'un de l'autre. Le rôle que joue le portrait dans la pièce en est une très bonne preuve.

⌐ LE PERSONNAGE ET SON RÔLE

Deux personnages jouent un rôle à l'intérieur de l'intrigue : il s'agit de Dorante et de Dubois. Dubois joue à être dévoué à Araminte et opposé farouchement à l'amour de Dorante pour sa maîtresse. Dorante joue à être intendant. Nous ajouterons qu'Araminte joue à ne rien savoir. Il semble par conséquent que jouer un rôle soit nécessaire pour faire advenir l'amour : le paraître seul mènerait à l'être.

L'efficacité des rôles choisis par Dubois et Dorante est indéniable. Dubois, «faux confident», permet à Araminte et à Dorante de se rapprocher en offrant même à Araminte le beau rôle. Dorante, intendant improvisé, entre de plain-pied dans l'intimité d'Araminte.

▌Dubois et le jeu de la contradiction

Le jeu de Dubois consiste tantôt à conforter Araminte dans l'assurance d'être aimée, tantôt à dire le contraire de ce qu'elle souhaite pour la piquer au vif et l'inciter à agir comme elle le désire secrètement. Un tel jeu est conforme à la conception marivaudienne du désir : « Nous sommes tous des esprits de contradiction », écrit Marivaux dans *L'Indigent philosophe*.

Dubois a choisi de jouer à être le confident d'Araminte et l'ennemi apparent de Dorante. Araminte, grâce à lui, a ainsi le plaisir de pouvoir entendre parler de Dorante et de son amour. Le rôle choisi par Dubois consiste à paraître intransigeant vis-à-vis de Dorante, ce qui éveille compassion et désir de protection chez Araminte. En même temps, le rôle de Dubois consiste à toujours donner à Araminte la certitude d'être aimée.

Ainsi, le motif qui consiste pour Dubois à se moquer de Dorante ou à proposer son renvoi, et pour Araminte à le défendre et à s'attendrir, revient à chacune de leur entrevue (I, 14 ; II, 12 ; III, 10) :

> DUBOIS. – […] Je lui ai dit que je me tairais ; mais que je ne prétendais pas rester dans la maison avec lui, et qu'il fallait qu'il sortît ; ce qui l'a jeté dans des gémissements, dans des pleurs, dans le plus triste état du monde.
>
> ARAMINTE. – Eh ! tant pis. Ne le tourmente point. Tu vois bien que j'ai raison de dire qu'il faut aller doucement avec cet esprit-là, tu le vois bien. J'augurais beaucoup de ce mariage avec Marton ; je croyais qu'il m'oublierait, et point du tout ; il n'est question de rien.
>
> DUBOIS, *comme s'en allant.*– Pure fable ! Madame a-t-elle encore quelque chose à me dire ? (II, 12.)

La répétition d'Araminte (« tu vois bien ») prouve combien Dubois lui permet de justifier son désir de garder Dorante. La remarque sur Marton indique à la fois la mauvaise foi d'Araminte qui prêche le faux pour savoir le vrai, et son désir d'être rassurée, ce que Dubois fait à merveille. Araminte elle aussi joue donc un rôle. Elle joue à trouver importun l'amour de Dorante et profite ainsi du plaisir de se savoir désirée.

En paraissant s'opposer à l'amour de Dorante pour Araminte, Dubois suscite en fait le désir de la jeune femme :

> DUBOIS. – […] je ne conseille pas à Madame de le voir davantage ; ce n'est pas la peine.
>
> ARAMINTE, *sèchement.*– Ne vous embarrassez pas, ce sont mes affaires. (III, 10.)

Dorante et la confusion des rôles

La place d'intendant choisie par Dorante auprès d'Araminte est extrêmement pratique puisqu'elle lui permet d'être immédiatement au fait de la vie privée de la jeune femme :

> ARAMINTE. – Je n'hésite point non plus à vous donner ma confiance. Voilà ce que c'est : on veut me marier avec Monsieur le comte Dorimont, pour éviter un procès que nous aurions ensemble au sujet d'une terre que je possède. (I, 12.)

De plus, le choix de cet emploi rend impossible à démêler la parole de l'amant de celle du serviteur (voir « La naissance de l'amour », p. 74). En effet, l'honnêteté du serviteur comme l'intérêt de l'amant peuvent aussi bien être compris lorsqu'il affirme : « Non, Madame, vous ne risquez rien ; vous pouvez plaider en toute sûreté. » (II, 1.) Et on n'a pas de peine à le croire lorsqu'il déclare à Araminte au sujet du Comte : « Madame, j'aime mieux vos intérêts que les siens, et que ceux de qui que ce soit au monde. » (II, 1.)

Le rapport entre le rôle et la personne est donc si étroit qu'il est très délicat de les dissocier l'un de l'autre. Le rôle est au service de l'authenticité : le masque de l'intendant offre à Dorante le moyen de tenir des propos qu'il n'aurait jamais pu tenir sans lui. C'est pourquoi l'emploi du rôle est une voie royale pour trouver le cœur de l'être aimé : « […] ce que vous avez fait pour gagner mon cœur n'est point blâmable. » (III, 13.)

▌ L'efficacité du rôle

Finalement, le rôle permet d'accéder au secret de l'autre, d'entrer dans sa vie privée. Dans le même ordre d'idées, il permet d'influer sur l'autre et sur ses décisions. Le rôle est donc bien efficace dans le déroulement de l'action.

Cependant, il faut bien remarquer que ce n'est pas le rôle en soi qui est le plus efficace. En effet, c'est parce qu'Araminte sait par Dubois que Dorante joue un rôle qu'elle devient bienveillante et attentive à l'amour. La fonction du rôle est par conséquent très complexe : pour remplir son office, le rôle doit à la fois être dévoilé comme tel et en même temps joué sérieusement. Autrement dit, Araminte doit savoir que la fonction d'intendant n'est qu'un rôle tenu par Dorante, mais avoir le plaisir de se prendre au jeu malgré tout.

Marivaux exprime ici la conception baroque[1] de la vie comme théâtre. La vie est un jeu. Certes le paraître mène à l'être, mais il n'est pas, en dernier ressort, dissociable de lui. Araminte sait que Dorante n'est pas ce qu'il paraît, mais elle ne peut l'aimer que dans la mesure où il paraît être ce qu'il est.

LE PIÈGE DU RÔLE

Le paradoxe du rôle, du paraître, consiste à se confondre finalement avec l'être.

La confusion du rôle et de l'identité

Dorante est le fils d'un «avocat», il semble bien remplir sa tâche et personne, à part Araminte, ne doute qu'il ne soit vraiment intendant. Or Araminte elle-même ne peut dissocier, dans les paroles de Dorante, le rôle de l'intendant d'avec les propos de l'amant. Bref, le rôle d'intendant se confond littéralement avec l'identité de Dorante.

Ensuite, Araminte sait bien, grâce à Dubois, que Dorante n'a choisi ce rôle que pour se rapprocher d'elle. Mais elle ne cherche pas à le confondre, ni à lui révéler qu'elle jouait à ne pas savoir, et lui avoue même son amour sans lever les masques (III, 13). La vérité d'Araminte est donc indissociable du rôle qu'elle joue.

Enfin, Araminte, dans sa colère, qualifie Dubois en des termes qui sonnent tout à fait juste alors même qu'il est en pleine simulation : «Il faut que vous soyez capable de tout» (III, 9). Et lorsqu'elle lui affirme : «[…] ce n'est pas par attachement pour moi que vous m'avez appris qu'il m'aimait, ce n'est que par le plaisir de faire du mal» (ibid.), on est frappé par la pertinence de ses vues (voir p. 55). Comme si le rôle que joue Dubois (qui «s'en va en riant») mettait finalement en évidence sa vraie personnalité. Le rôle équivaudrait par conséquent à son identité.

C'est donc à une véritable réflexion sur la fonction des rôles que nous convie cette comédie.

---

1. Courant artistique des xvie et xviie siècles, fondé, en littérature, sur le jeu du déguisement, de l'illusion, du trompe-l'œil. La vie est conçue comme un jeu d'apparences qui passent et se transforment, et l'homme comme un être foncièrement mouvant, changeant, inconstant.

Le paraître est l'être

Le cas de Dorante est le plus vertigineux : il joue un rôle, celui d'intendant, ce qu'Araminte sait et que les autres ignorent. Mais il joue aussi un autre rôle mis au point par Dubois et par lui-même : celui de l'amoureux romanesque. Nous pourrions croire que sa véritable identité est celle que nous percevons au début : son amour désintéressé pour Araminte, sa reconnaissance infinie envers Dubois. Et pourtant, au moment décisif (III, 12), il évince sans la moindre reconnaissance et sans retour Dubois.

De sorte qu'il paraît impossible de jamais saisir l'être du personnage derrière son ou ses rôles. Le personnage n'est peut-être, en dernier ressort, que la somme de tout ce qu'il donne à voir, et il n'y a peut-être pas à chercher ce qui se cache derrière. C'est d'ailleurs là la caractéristique du personnage de théâtre : il est, étymologiquement, *persona*[1] ou masque. C'est-à-dire une illusion de personne humaine. Le personnage ne renvoie à rien d'autre qu'à l'image qu'il donne de lui-même dans la représentation. Si bien que la comédie des *Fausses confidences* est peut-être, au fond, une réflexion indirecte sur l'essence du théâtre.

LA REPRÉSENTATION
DANS LA PASSION AMOUREUSE

Le portrait et le tableau tiennent une place centrale dans la comédie, puisque cette affaire occupe essentiellement les scènes 9 et 10 de l'acte II.

Le portrait d'Araminte peint par Dorante permet tout d'abord à Araminte de forcer Dorante à se déclarer (II, 15) ; il est ensuite, pour elle, l'occasion de se déclarer elle-même (III, 12). La représentation d'Araminte (portrait ou tableau) sert donc de lien entre les deux amoureux, et donne lieu à la déclaration d'amour. Pourquoi cette déclaration nécessite-t-elle le passage par la représentation ?

---

1. *Persona* signifie «masque de théâtre». Dans le théâtre grec, les acteurs portaient un masque.

La représentation
comme révélation du désir

Le portrait et le tableau font tous deux référence à un moment où Dorante a pleinement joui de la contemplation de son objet d'amour. C'est ce qu'Arlequin exprime à propos du tableau : « Sans doute, de quoi t'avises-tu d'ôter ce tableau qui est tout à fait gracieux, que mon maître considérait il n'y avait qu'un moment avec toute la satisfaction possible ? » (II, 10.)

Quant au portrait, il évoque un temps de plénitude où Dorante recréait et admirait tout à loisir la femme aimée. Ce temps imaginaire de l'adoration solitaire permet à Araminte de prendre conscience du fait qu'elle est désirée. Elle se voit en quelque sorte contemplée, aimée. Le portrait et le tableau lui prouvent donc qu'elle est désirée et désirable, et en même temps flattent son amour-propre. Araminte, fascinée par l'amour que Dorante porte à cette représentation d'elle-même, s'aime dans la mesure où elle se sait l'objet de l'amour de Dorante.

La représentation devient donc le lieu de l'enjeu des amours entre les personnages : Araminte, se sachant admirée, souhaite au bout du compte prendre la place de son portrait, se substituer au reflet que Dorante contemple. Elle désire donc se confondre avec une image d'elle-même, confondre son être et son paraître. Preuve que ceux-ci sont, au bout du compte, indissociables.

L'amour du paraître

La représentation se substitue d'ailleurs si complètement à la personne elle-même qu'il se crée un malentendu entre Dorante et Araminte :

> DORANTE. – Le plaisir de la voir quelquefois, et d'être avec elle, est tout ce que je me propose.
> ARAMINTE. – Avec elle ! Oubliez-vous que vous êtes ici ?
> DORANTE. – Je veux dire avec son portrait, quand je ne la vois point.
> (II, 15.)

Il y a bel et bien équivalence entre la représentation de la personne aimée et la personne elle-même. Il est donc impossible de savoir si Dorante aime une image d'Araminte ou Araminte elle-même.

Tout laisse supposer que c'est bien une image d'elle que Dorante « aime avec passion » (I, 2) : celle de la jeune femme éblouissante descendant l'escalier, puis celle du portrait. Et c'est pour s'approprier cette image que Dorante s'est improvisé intendant.

Enfin, c'est en grande partie parce que l'image qui lui est donnée d'elle-même par le portrait et par les discours de Dubois est très flatteuse, qu'Araminte succombe à l'amour. De sorte que l'amour de l'être n'est peut-être en définitive qu'un leurre : la passion ne peut naître et se développer que dans l'adoration du paraître.

Et si c'est par le mariage projeté entre Araminte et Dorante que s'achève la pièce, c'est bien qu'Araminte a choisi, dans l'aveu ultime de Dorante, l'image de leur amour qui lui convenait le plus. L'image de la femme aimée jusqu'à la folie : « Après tout, puisque vous m'aimez véritablement, ce que vous avez fait pour gagner mon coeur n'est point blâmable. » (III, 13.)

9 | Comique et langage

Chez Marivaux, le comique vient essentiellement des jeux de langage et non plus, comme chez Molière, de la critique des défauts d'un personnage.

Le plaisir comique peut venir de deux causes : on rit de quelqu'un : c'est le comique proprement dit, ou le «risible» ; on rit avec celui qui nous fait rire, et c'est là le «plaisant». Le «plaisant» est une catégorie assez large : on peut qualifier de « plaisants » les personnages qui se rient d'eux-mêmes, ou bien l'agitation perpétuelle de la comédie avec ses machinations et ses coups de théâtre, l'insouciance et le bonheur de vivre des personnages.

Dans *Les Fausses Confidences*, le «comique» proprement dit vient surtout de deux personnages assez ridicules : Mme Argante et Arlequin. Le «plaisant» repose sur la finesse des dialogues, les rebondissements de l'action et la bonne humeur des personnages.

LES PERSONNAGES COMIQUES

Mme Argante fait rire par l'outrance de son caractère et de son langage. Elle est sans cesse ridicule. Arlequin, lui, provoque le rire par le caractère naïf de ses propos.

Un personnage moliéresque

Mme Argante rappelle plusieurs personnages de Molière. Celui, tout d'abord, de Philaminte dans *Les Femmes savantes*[1]. D'abord, elle est très satisfaite d'elle-même : «[...] vous le savez, j'ai le coup d'œil assez bon» (II, 11) ; elle ne cesse de harceler sa fille pour qu'elle épouse le Comte : «Le mariage terminerait tout, et le vôtre est comme arrêté» (II, 11). Ensuite, à l'instar de Philaminte avec Trissotin,

---

1. Philaminte est une mère autoritaire, décidée à marier sa fille Henriette à Trissotin, un savant qu'elle admire au plus haut point et dont elle copie les manières.

Mme Argante calque son attitude sur celle du Comte qu'elle prend pour modèle : « Je ferai comme Monsieur, je ne vous parlerai plus de rien non plus » (II, 11). Enfin, elle n'a pas de jugement et fait erreur sur Dubois en pensant qu'il est fiable : « Je compte sur Dubois que voici, et avec lequel nous vous laissons » (*ibid.*).

Mme Argante est aussi l'héritière de la Mme Pernelle du *Tartuffe*, et comme celle-ci, elle pourrait dire : « Je vous parle un peu franc ; mais c'est là mon humeur/Et je ne mâche point ce que j'ai sur le cœur[1] ». Mme Argante se caractérise par sa facilité à injurier les autres, et en particulier Dorante (I, 10). Ses propos sont marqués par leur caractère péremptoire : « C'est un ignorant que cela, qu'il faut renvoyer. » On y relève des reprises de mots : « C'est *moi* qui suis sa mère [...] c'est *moi*, *moi* » (I, 10). Ces reprises manifestent le caractère répétitif, circulaire, de ses répliques et de ses raisonnements. D'ailleurs, elle ne change pas d'avis et tient le même raisonnement du début à la fin de la pièce : « Qu'il soit votre mari tant qu'il vous plaira ; mais il ne sera jamais mon gendre. » (III, 13.)

Toute l'attitude de Mme Argante se justifie finalement par une volonté d'anoblissement qui contraste avec son absence de bonnes manières, comparable à celle de M. Jourdain dans *Le Bourgeois gentilhomme*. La naïveté avec laquelle elle fait part de son rêve à Dorante (I, 10) est un des ressorts du comique : « [...] je l'avoue, je serai charmée moi-même d'être la mère de Madame la comtesse Dorimont ».

Un valet sans esprit

Arlequin, personnage traditionnel du Théâtre-Italien, et présent dans de nombreuses pièces de Marivaux, a perdu ici toute sa finesse et son esprit satirique. Il n'est plus qu'un valet assez niais, qui fait rire par deux ou trois pitreries.

Sa politesse se transforme en insistance (I, 1) : « Voyez, Monsieur, n'en faites pas de façon ». Il avoue naïvement les raisons de sa politesse, ce qui est la preuve que la civilité n'est pas pour lui un mode

---

1. Molière, *Le Tartuffe*, I, 1.

d'être habituel : «[...] nous avons ordre de Madame d'être honnête, et vous êtes témoin que je le suis. »

Traditionnellement, Arlequin, chez Marivaux, fait passer sa critique sociale par des jeux sur les mots. Il subsiste dans *Les Fausses Confidences* un vestige de cette attitude : «Comment, Madame, vous me donnez à lui ! Est-ce que je ne serai plus à moi ? Ma personne ne m'appartiendra donc plus ? » (I, 8). Le langage d'Arlequin, comme celui de Mme Argante, se caractérise par la répétition et la franche naïveté. Mais le jeu sur les mots est involontaire et procède de la bêtise d'Arlequin : il n'a pas bien interprété le mot *donner*.

Les comparaisons impertinentes de la scène suivante sont une trace de l'esprit subversif d'Arlequin[1] : «Je serai le valet qui sert, et vous le valet qui serez servi par ordre» (I, 9) ; il souligne ainsi la faible distance sociale qui le sépare de Dorante. Mais la répartie qui suit rend immédiatement le personnage à sa simplicité : volonté de profit, amour de la boisson. Arlequin reste essentiellement un être de désir. C'est lui, d'ailleurs, qui clôt la pièce sur un bon mot faisant crûment référence aux enfants à venir du couple : «Pardi, nous nous soucions bien de ton tableau à présent : l'original nous en fournira bien d'autres copies.» Preuve, malgré tout, d'un certain esprit d'à-propos où se manifeste toujours l'importance de la présence du corps et du désir.

UNE COMÉDIE
FONDÉE SUR LE PLAISANT

Gaieté des personnages, finesse des dialogues, rebondissements de l'action dramatique : tels sont les ingrédients essentiels du plaisant dans *Les Fausses Confidences*.

Bien qu'il n'y ait guère de vrai marivaudage dans cette comédie, les dialogues restent caractéristiques de l'esprit de Marivaux. Rappelons que le marivaudage constitue ce cheminement de l'amoureux vers la prise de conscience de son amour à travers les tâtonnements du langage et des dialogues.

---

[1]. Esprit subversif particulièrement évident dans *La Double Inconstance*.

Dans *Les Fausses Confidences*, les dialogues restent le lieu où les personnages principaux, se confrontant aux autres, modifient peu à peu leur rapport au monde, à l'autre et à soi. Ce cheminement est en particulier celui d'Araminte, qui passe de l'état attendu de promise à un comte à celui, surprenant, de riche veuve épousant son intendant.

Cependant, dans *Les Fausses Confidences*, le plaisant connaît aussi des limites très nettes.

▌Langage et découverte de soi

Ce sont surtout les dialogues confrontant Araminte à Dubois et à Dorante qui manifestent l'évolution du personnage, la découverte progressive de soi. Son premier entretien avec Dubois (I, 14) met ainsi remarquablement en scène le fonctionnement des mécanismes de la persuasion. Dubois, héritier du Scapin de Molière, de son imagination et de son génie verbal, tient des propos qui mêlent les hyperboles flattant Dorante («c'est un homme incomparable»), les louanges d'Araminte, les remarques piquant sa jalousie et sa curiosité.

Le coup de théâtre vient à propos, une fois Araminte rendue jalouse de la «brune très piquante» qui est supposée aimer Dorante : «N'importe, je veux le congédier. Est-ce que tu la connais, cette personne ?» La juxtaposition de l'affirmation décidée et de la question indiscrète montre chez Araminte le résultat de la mise en scène verbale de Dubois. Araminte veut tout savoir. Et toutes ses répliques mettent en évidence la lutte entre son plaisir à entendre parler de l'amour de Dorante pour elle, et sa volonté de ne pas le montrer à Dubois – ni, bien sûr, de se l'avouer franchement :

> ARAMINTE. – Vraiment, je le renverrai bien ; mais ce n'est pas là ce qui le guérira. D'ailleurs, je ne sais que dire à Monsieur Remy, qui me l'a recommandé ; et ceci m'embarrasse. Je ne vois pas trop comment m'en défaire, honnêtement. (I, 14.)

L'adverbe «vraiment» suppose qu'Araminte parle en toute sincérité. Cependant, la juxtaposition d'une proposition commençant par la conjonction «mais» montre la recherche d'arguments en faveur de Dorante. Le deuxième adverbe, «D'ailleurs», correspond à un deuxième argument. La conclusion «je ne vois pas trop» équivaut à la décision de le garder. Quant à l'adverbe de phrase «honnêtement », qui vient en dernier, il correspond à une pure précaution de langage cherchant à donner l'apparence de la sincérité aux propos. Une telle réplique est très caractéristique du style marivaudien qui saisit les personnages dans leur découverte d'un autre mode d'être.

Le plaisant recouvre donc le plaisir qu'éprouve le personnage de découvrir à travers le langage des sentiments nouveaux, une manière originale d'exister. Malgré tout, ce plaisir est très souvent menacé par l'intrigue des *Fausses Confidences*.

▌Les limites du plaisant

Les limites du plaisant viennent du fait que de nombreux aspects de cette comédie sont plus inquiétants que risibles. L'abandon de Dubois par Dorante qui le récompense mal de son dévouement, l'ignorance où Dubois se trouve de cette trahison au dénouement, la traque d'Araminte par les deux hommes, l'absence d'un réel espace d'intimité et de découverte mutuelle pour les deux amants, sont autant d'éléments qui mettent des limites au « plaisant ».

En effet, l'enjouement n'est pas une constante dans la pièce, et les paroles d'Araminte après l'aveu de Dorante (III, 12) sont plutôt sérieuses que riantes. Un tel aveu était trop grave pour être suivi d'un vrai dénouement de comédie. Celle-ci s'achève sans que soit prononcé le mot « mariage », sauf indirectement, par une Mme Argante en colère (« il ne sera jamais mon gendre »). Or il faut rappeler que le mariage constitue l'épilogue traditionnel des comédies.

À jouer sans cesse avec le langage (les « fausses confidences ») et le secret, les personnages risquent de ne plus savoir où est leur/la vérité. Ni la relation amoureuse, ni la relation maître-valet ne sortiront indemnes de ce jeu permanent avec la dissimulation, ce qui, par conséquent, limite nettement la portée comique des *Fausses Confidences*. Personnages risibles et situations plaisantes s'y côtoient, mais la tonalité d'ensemble reste inquiétante.

TROISIÈME PARTIE

Cinq lectures méthodiques

DORANTE. — Elle a plus de cinquante mille livres de rente,
Dubois.

DUBOIS. — Ah ! Vous en avez bien soixante pour le moins.

DORANTE. — Et tu me dis qu'elle est extrêmement raison-
5   nable ?

DUBOIS. — Tant mieux pour vous, et tant pis pour elle. Si
vous lui plaisez, elle en sera si honteuse, elle se débattra
tant, elle deviendra si faible, qu'elle ne pourra se soutenir
qu'en épousant ; vous m'en direz des nouvelles. Vous l'avez
10   vue et vous l'aimez ?

DORANTE. — Je l'aime avec passion, et c'est ce qui fait que
je tremble !

DUBOIS. — Oh ! Vous m'impatientez avec vos terreurs : eh
que diantre ! un peu de confiance ; vous réussirez, vous dis-
15   je. Je m'en charge, je le veux, je l'ai mis là ; nous sommes
convenus de toutes nos actions ; toutes nos mesures sont
prises ; je connais l'humeur de ma maîtresse, je sais votre
mérite, je sais mes talents, je vous conduis, et on vous aimera, toute raisonnable qu'on est ; on vous épousera, toute
20   fière qu'on est, et on vous enrichira, tout ruiné que vous
êtes, entendez-vous ? Fierté, raison et richesse, il faudra que
tout se rende. Quand l'amour parle, il est le maître, et il parlera : adieu ; je vous quitte ; j'entends quelqu'un, c'est peut-
être Monsieur Remy ; nous voilà embarqués, poursuivons.
25   (*Il fait quelques pas, et revient.*) À propos, tâchez que Marton
prenne un peu de goût pour vous. L'amour et moi nous
ferons le reste.

INTRODUCTION

▌Situer le passage

Dorante, qui aime Araminte en secret, vient se placer chez elle comme intendant pour tenter de s'en faire aimer. Son ancien valet, Dubois, qui l'a aidé dans ce projet, le rejoint et Dorante lui fait part de ses inquiétudes au sujet de la réussite de leur plan. Dubois le rassure.

▌Dégager des axes de lecture

Ce passage clôture la scène d'exposition, au cours de laquelle le spectateur a été informé des intentions de Dorante et Dubois. Le dialogue met en évidence, tout d'abord, une relation maître-serviteur fondée sur la supériorité du valet. Ce qui apparaît ensuite, c'est toute une théorie de l'amour élaborée par Dubois.

PREMIER AXE DE LECTURE
LA SUPÉRIORITÉ DU VALET

Le ton à la fois péremptoire et moqueur qu'emploie Dubois, dans un discours extrêmement convaincant, est la marque de sa supériorité sur son ancien maître, Dorante.

▌Un discours autoritaire

Le mode de parole du maître et celui du serviteur s'opposent totalement. Dorante exprime une première objection (l. 1-2), qui met en évidence la barrière sociale le séparant d'Araminte. Une deuxième objection (l. 4-5) se fait sous forme de question : Dorante attend de Dubois qu'il le rassure. Le discours du maître est donc peu assuré.

Le mode de parole du valet est l'antithèse de celui du maître. Le ton tranchant de Dubois se marque par la rapidité des réponses faites à Dorante, qui anéantissent systématiquement les doutes de celui-ci : « Vous en avez bien soixante » (l. 3), « Tant mieux pour vous, et tant pis pour elle (l. 6) ».

C'est dans la dernière et longue réplique de Dubois que se manifeste le plus cette attitude péremptoire. Cette réplique débute en effet par des exclamations indiquant l'emportement d'un Dubois poussé à bout (l. 13-14). Les deux interjections («oh !», «que diantre !») manifestent sa vivacité et son franc-parler. Ce n'est pas là l'attitude respecteuse d'un serviteur envers son maître. La récurrence du *je* («*Je* m'en charge», «*je* le veux», «*je* sais», «*je* connais», l. 15-18) suggère que Dubois est le vrai maître de la situation.

Organisé logiquement, le discours du valet se caractérise par la gradation très nette de l'argumentation : «Je m'en charge, je le veux, je l'ai mis là» (l. 15). L'affirmation «je l'ai mis là» indique que la situation a été décidée à l'avance et que rien ne pourra la modifier. Le geste joint à la parole (Dubois se touche la tête) manifeste le caractère très vivant du langage de Dubois, caractéristique de celui des valets.

Son argumentation en deux temps, au passé composé, vise à rassurer son maître : «nous sommes convenus de toutes nos actions ; toutes nos mesures sont prises» (l. 15-17). Ces deux propositions sont construites en chiasme. L'argumentation se referme donc sur elle-même et sur la certitude qu'elle affiche.

Enfin, les parallélismes de construction qui martèlent l'argumentation («toute raisonnable qu'on est/toute fière qu'on est», «tout ruiné que vous êtes», l. 19-21) ainsi que les appels à Dorante («entendez-vous ?» l. 21) contribuent à produire un discours très autoritaire.

Une moquerie lucide

La première réponse de Dubois à Dorante (l. 3) met en évidence l'esprit moqueur du valet. Dubois répond en faisant comme si la fortune de Dorante valait bien celle d'Araminte : «Ah ! Vous en avez bien soixante pour le moins.» L'interjection «Ah!» indique la jubilation d'un Dubois qui joue sur l'implicite[1]. Il sous-entend en fait que Dorante vaut par lui-même bien plus, et que sa fortune importe peu. Dubois raille au fond, indirectement, le manque de distance critique de Dorante. Ainsi à l'expression emphatique «je tremble» (l. 12), Dubois répond par une expression beaucoup plus concrète : «vos terreurs» (l. 13).

---

1. *Implicite* : le sous-entendu, ce que l'on doit deviner.

Dubois se moque aussi implicitement d'Araminte en laissant entendre qu'elle ne saurait résister à son désir, et que la raison a donc bien des limites : «je connais l'humeur de ma maîtresse» (l. 17). Le tableau qu'il trace de sa lutte contre l'amour (l. 6-9) se conclut sur un ton aussi convaincu que railleur : «vous m'en direz des nouvelles.»

La fin de la tirade de Dubois montre aussi son sens de l'humour. En effet, dans l'affirmation «L'amour et moi nous ferons le reste» (l. 26-27), Dubois se met sur le même plan syntaxique que l'«amour». Il frise ainsi le cynisme en laissant entendre que l'activité de la ruse et de l'intelligence est une composante indispensable de l'«amour».

▌Un homme supérieur

Cet échange est donc bel et bien dominé par Dubois, comme le prouve la longueur de ses répliques par rapport à celles, très courtes, de Dorante. En outre, Dubois possède un don que n'a pas Dorante : celui de lire l'avenir. Ainsi, il emploie régulièrement le futur, mettant en scène à l'avance l'union à venir : «vous réussirez» (l. 14), «on vous aimera», «on vous épousera» (l. 18-19), ce qui montre combien il est sûr de lui. Futurs qui se doublent d'une description inversée de la situation présente : «on vous aimera, toute raisonnable qu'on est» (l. 18-19). Dubois semble doué d'une véritable prescience, et capable de renverser une situation, si solidement établie soit-elle.

DEUXIÈME AXE DE LECTURE
LA SCIENCE DU CŒUR

Dans sa théorie de la naissance de l'amour, Dubois souligne deux paramètres. Le premier est le paradoxe de la raison. Le second est le rôle fondamental de la connaissance des mécanismes amoureux.

▌Le paradoxe de la raison

Le paradoxe soulevé par Dubois est que plus la femme est «raisonnable», donc apparemment inaccessible, moins elle a de chances de résister à l'amour. En effet, il sous-entend d'une part que ce type de femme est le plus apte à aimer : l'«extrême raison» n'a d'égal que la profondeur des sentiments ; d'où la série des adverbes d'intensité : «elle se débattra tant, elle deviendra si faible» (l. 7-8).

D'autre part, Dubois suppose que l'effort de la lutte soutenue contre l'amour sera égal à la violence de l'abandon : «elle ne pourra se soutenir qu'en épousant» (l. 8-9). La restriction *ne...que* et le verbe *se soutenir* établissent une sorte de verdict infaillible, ou même de diagnostic : plus la femme lutte, plus elle est gagnée par l'amour, puisque l'amour se nourrit des obstacles qu'on lui oppose.

La maîtrise des mécanismes amoureux

Elle permet à Dubois d'élaborer un plan minutieux. Celui-ci consiste à compter sur le «mérite» de Dorante et à faire naître une rivalité entre Araminte et Marton : «tâchez que Marton prenne un peu de goût pour vous» (l. 25-26). Cette conjonction du désir naissant («si vous lui plaisez», l. 6-7 ; «Quand l'amour parle», l. 22) et de la jalousie constitue le socle d'un mariage possible. Le désir doit à la fois surgir et être entretenu, telle est la conviction sous-jacente de Dubois.

Le plan consiste ensuite à ne rien laisser au hasard : «toutes nos mesures sont prises» (l. 16-17). Le spectateur ignore quelles sont ces mesures. Il comprend simplement que Dubois sera au centre de l'intrigue : «je vous conduis, et on vous aimera» (l. 18-19). La femme a besoin d'être encouragée, stimulée dans la naissance de son désir.

Remarquons enfin l'enjeu de l'emploi du pronom impersonnel de troisième personne *on*, qui désigne Araminte telle qu'elle est comprise et vue par Dubois. Se substituant au *elle* attendu et désignant ainsi Araminte de manière floue et englobante, il indique une sorte de symbiose entre Dubois et sa maîtresse. La connaissance que possède Dubois du cœur humain vaut donc tout particulièrement pour sa maîtresse, Araminte, dont il se fait en quelque sorte le double.

CONCLUSION

Cet extrait de la scène d'exposition met en évidence la supériorité de Dubois, parfait connaisseur du cœur humain et guide de son ancien maître. Mais le spectateur, en ce début de la pièce, ne saura presque rien des «actions» projetées : le suspens demeure.

DUBOIS. — Vous ne croiriez pas jusqu'où va sa démence ;
elle le ruine, elle lui coupe la gorge. Il est bien fait, d'une
figure passable, bien élevé et de bonne famille ; mais il n'est
pas riche ; et vous saurez qu'il n'a tenu qu'à lui d'épouser des
5   femmes qui l'étaient, et de fort aimables, ma foi, qui
offraient de lui faire sa fortune et qui auraient mérité qu'on
la leur fît à elles-mêmes : il y en a une qui n'en saurait revenir, et qui le poursuit encore tous les jours ; je le sais, car je
l'ai rencontrée.

10   ARAMINTE, *avec négligence.* — Actuellement ?
DUBOIS. — Oui, Madame, actuellement, une grande brune
très piquante, et qu'il fuit. Il n'y a pas moyen ; Monsieur
refuse tout. Je les tromperais, me disait-il ; je ne puis les
aimer, mon cœur est parti. Ce qu'il disait quelquefois la
15   larme à l'œil ; car il sent bien son tort.
ARAMINTE. — Cela est fâcheux ; mais où m'a-t-il vue,
avant que de venir chez moi, Dubois ?
DUBOIS. — Hélas ! Madame, ce fut un jour que vous sor-
tîtes de l'Opéra, qu'il perdit la raison ; c'était un vendredi,
20   je m'en ressouviens ; oui, un vendredi ; il vous vit descendre
l'escalier, à ce qu'il me raconta, et vous suivit jusqu'à votre
carrosse ; il avait demandé votre nom, et je le trouvai qui
était comme extasié ; il ne remuait plus.
ARAMINTE. — Quelle aventure !
25   DUBOIS. — J'eus beau crier : Monsieur ! Point de nouvelles,
il n'y avait personne au logis. À la fin, pourtant, il revint à
lui avec un air égaré ; je le jetai dans une voiture, et nous
retournâmes à la maison. J'espérais que cela se passerait, car
je l'aimais : c'est le meilleur maître ! Point du tout, il n'y
30   avait plus de ressource : ce bon sens, cet esprit jovial, cette
humeur charmante, vous aviez tout expédié ; et dès le

lendemain nous ne fîmes plus tous deux, lui, que rêver à vous, que vous aimer ; moi, d'épier depuis le matin jusqu'au soir où vous alliez.

INTRODUCTION

▌Situer le passage

Cette scène se situe vers la fin du premier acte. Dubois a piqué la curiosité d'Araminte et a demandé à lui «parler en particulier» (I, 13). C'est la première scène de «fausses confidences». Sous prétexte de vouloir demander à Araminte «son congé», Dubois lui narre en fait la manière dont Dorante est tombé amoureux d'elle.

▌Dégager des axes de lecture

Ce texte présente un récit dans le dialogue, qui a pour fonction de tracer un portrait vivant du «coup de foudre» de Dorante. En même temps, ce récit réussit le tour de force de renvoyer à Araminte une image très flatteuse d'elle-même tout en plaidant la cause de Dorante. Ce sera là le second axe de lecture du texte.

PREMIER AXE DE LECTURE
LE RÉCIT DU « COUP DE FOUDRE »

Le jeu des temps, le mélange de récit et de discours, l'emploi de l'hyperbole, rendent le récit très vivant et persuasif.

▌Le jeu des temps

Dans la partie du récit proprement dit (l. 18-34) Dubois use tantôt du passé simple, tantôt de l'imparfait, tantôt du plus-que-parfait. De ce fait, le rythme de la narration subit des variations importantes :
– Les passés simples donnent de la rapidité au récit en narrant des actions successives («il perdit», «il vous vit», «vous suivit», l. 19-21 ; «je le jetai», «nous retournâmes», l. 27-28).

– Le premier plus-que-parfait (« il avait demandé votre nom », l. 22) fait référence à un temps mythique dont Dubois est exclu, qui n'appartient qu'à un Dorante fasciné par l'apparition. Ce temps est celui du « coup de foudre » proprement dit.

– Les imparfaits suggèrent le bouleversement durable de Dorante : « il ne remuait plus » (l. 23), « il n'y avait personne au logis » (l. 26).

Récit et discours

Le récit à la troisième personne et au passé simple est entrecoupé de commentaires de Dubois. Ceux-ci relèvent du discours et sont destinés à produire un effet plus persuasif sur Araminte.

Le récit est ainsi ponctué d'exclamations : « Hélas ! Madame » (l. 18), « c'est le meilleur maître ! » (l. 29). Celles-ci sont destinés à apitoyer Araminte sur le sort d'un Dorante désespéré.

Dubois n'hésite d'ailleurs pas à passer du passé au présent, de manière à souligner la continuité entre le moment qu'il narre et le temps présent : « J'espérais que cela se passerait, car je l'aimais : c'est le meilleur maître ! » (l. 28-29). Cette assertion au présent, en prouvant à Araminte l'attachement durable de Dubois à Dorante, ne peut que la disposer favorablement à l'égard du jeune homme.

Pour impliquer le plus possible Araminte dans son récit, Dubois use du pronom *vous* qui l'inclut directement dans l'histoire : « cette humeur charmante, vous aviez tout expédié » (l. 31) ; « nous ne fîmes plus tous deux, lui, que rêver à vous, que vous aimer ; moi, d'épier depuis le matin jusqu'au soir où vous alliez » (l. 32-34). Dubois feint même de se remémorer au fur et à mesure l'histoire (« je m'en ressouviens », l. 20) comme s'il racontait de façon vraiment spontanée.

Un récit hyperbolique

L'emploi fréquent de l'exagération, d'hyperboles dans le récit est destiné à agir fortement sur Araminte. La proposition : « je le trouvai qui était comme extasié ; il ne remuait plus » (l. 22-23) assimile ainsi Dorante à une statue ; comme si l'amour lui avait ôté la vie. Et l'expression « il n'y avait personne au logis » (l. 26) renforce cette idée en suggérant un état intermédiaire entre la folie et la mort. Le superlatif final renforcé par la restriction en *ne...que* (l. 32) conclut le passage sur l'idée d'une quête folle de la belle.

Mais l'hyperbole ne se trouve pas seulement dans les passages de récit. Elle est aussi très présente dans le discours de Dubois qui ouvre le texte : « Vous ne croiriez pas jusqu'où va sa démence ; elle le ruine, elle lui coupe la gorge » (l. 1-2) ; les deux métaphores verbales (« ruine », « coupe la gorge ») sont caractéristiques de l'exubérance du langage du valet. Ces hyperboles développent le terme de « démence », en soulignant à la fois l'intensité de cette passion amoureuse, et l'incohérence de conduite qui en résulte. Le but étant toujours de provoquer l'admiration et l'apitoiement d'Araminte.

DEUXIÈME AXE DE LECTURE
UNE TACTIQUE SUBTILE

Toute l'éloquence de Dubois est mise au service d'un double objectif : éveiller la jalousie d'Araminte, et la flatter. En même temps, il s'agit de lui offrir de Dorante une description très élogieuse.

La jalousie d'Araminte

La stratégie de Dubois consiste à éveiller la jalousie d'Araminte. D'où son insistance, dans sa première tirade, sur les admiratrices de Dorante « qui offraient de lui faire sa fortune et qui auraient mérité qu'on la leur fît à elles-mêmes » (l. 6-7). Le conditionnel passé (« auraient mérité ») suggère le renoncement glorieux de ces femmes à leur richesse en faveur de Dorante. Le retournement de situation invoqué (« qu'on la leur fît à elles-mêmes ») place symboliquement ces rivales au sommet de la hiérarchie sociale et de la valeur personnelle.

Dubois achève sa stratégie par un exemple particulier, cité au présent, et invoque même son propre témoignage pour rendre son propos persuasif : « je le sais, car je l'ai rencontrée » (l. 8-9). L'efficacité de cette affirmation est perceptible à travers la question d'Araminte : « Actuellement ? » (l. 10). Il est clair qu'elle veut en savoir davantage. La didascalie « *avec négligence* » indique que sa curiosité est en éveil et qu'elle feint l'indifférence pour donner le change.

Un portrait flatteur d'Araminte

Dubois flatte Araminte de deux façons :

– D'une part, il insiste sur ses «rivales» : il suscite ainsi sa jalousie tout en lui montrant sa supériorité. Le discours rapporté de Dorante doit convaincre Araminte de son avantage : «Je les tromperais, me disait-il ; je ne puis les aimer, mon cœur est parti» (l. 13-14).

– D'autre part, Dubois tend à Araminte un reflet idéalisé d'elle-même. La jeune femme est dépeinte comme une véritable héroïne de roman. À «l'Opéra», elle apparaît comme une femme inaccessible, point de mire des hommes, véritable spectacle à elle toute seule : «il vous vit descendre l'escalier» (l. 20-21). Des réminiscences de Cendrillon se profilent même derrière «l'escalier» et le «carrosse».

L'éloge de Dorante

Il transparaît tout au long de l'échange, et s'appuie sur une tactique de persuasion serrée. Il s'ouvre par l'affirmation de la folie de Dorante : «Vous ne croiriez pas jusqu'où va sa démence» (l. 1). Ce *topos*[1] romanesque du héros rendu fou d'amour arrache Araminte à ses repères et l'introduit dans l'univers de l'imaginaire. Dorante est ainsi idéalisé, magnifié par la fiction. Le conditionnel accompagné de la tournure négative («vous ne croiriez pas») suggère justement le caractère extraordinaire, incroyable, de l'attitude du jeune homme.

En même temps, Dubois mêle fort habilement les références à un imaginaire codé et la description réaliste. L'affirmation «mais il n'est pas riche» (l. 3-4) s'insère entre des compliments directs («Il est bien fait», l. 2) et l'insistance sur le désintéressement total de Dorante («Il n'a tenu qu'à lui», l. 4), digne encore une fois d'un héros de conte ou de roman. Sa pauvreté même devient ainsi une qualité attendrissante, puisqu'elle met en valeur son désintérêt pour l'argent.

---

1. *Topos* : stéréotype, lieu commun.

CONCLUSION

Cet extrait est très révélateur de la virtuosité verbale de Dubois. Ainsi, il sait faire jouer la menace de la rivalité, tout en réservant toujours à Araminte le beau rôle. Il parvient finalement, dans un récit aussi vivant que persuasif, à faire de Dorante une description pathétique et propre à susciter les sentiments d'Araminte. La jeune femme ne peut être qu'extrêmement flattée d'avoir joué à son insu un rôle de choix dans une passion à l'allure très romanesque.

MADAME ARGANTE. — Approchez, Dubois. Apprenez-
nous ce que c'est que ce mot que vous diriez contre Dorante ; il serait bon de savoir ce que c'est.

ARLEQUIN. — Prononce donc ce mot.

5   ARAMINTE. — Tais-toi, laisse-le parler.

DUBOIS. — Il y a une heure qu'il me dit mille invectives,
Madame.

ARLEQUIN. — Je soutiens les intérêts de mon maître, je tire
des gages pour cela, et je ne souffrirai point qu'un ostrogoth

10 menace mon maître d'un mot ; j'en demande justice à
Madame.

MADAME ARGANTE. — Mais, encore une fois, sachons ce
que veut dire Dubois par ce mot : c'est le plus pressé.

ARLEQUIN. — Je le défie d'en dire seulement une lettre.

15 DUBOIS. — C'est par pure colère que j'ai fait cette menace,
Madame ; et voici la cause de la dispute. En arrangeant
l'appartement de Monsieur Dorante, j'ai vu par hasard un
tableau où Madame est peinte, et j'ai cru qu'il fallait l'ôter,
qu'il n'avait que faire là, qu'il n'était point décent qu'il y res-

20 tât ; de sorte que j'ai été pour le détacher ; ce butor est venu
pour m'en empêcher, et peu s'en est fallu que nous ne nous
soyons battus.

ARLEQUIN. — Sans doute, de quoi t'avises-tu d'ôter ce
tableau qui est tout à fait gracieux, que mon maître consi-

25 dérait il n'y avait qu'un moment avec toute la satisfaction
possible ? Car je l'avais vu qu'il l'avait contemplé de tout
son cœur, et il prend fantaisie à ce brutal de le priver d'une
peinture qui réjouit cet honnête homme. Voyez la malice !
Ôte-lui quelque autre meuble, s'il en a trop, mais laisse-lui

30 cette pièce, animal.

DUBOIS. — Et moi, je te dis qu'on ne la laissera point, que

je la détacherai moi-même, que tu en auras le démenti, et
que Madame le voudra ainsi.

ARAMINTE. — Eh ! que m'importe ? Il était bien nécessai-
35 re de faire ce bruit-là pour un vieux tableau qu'on a mis là
par hasard, et qui y est resté. Laissez-nous. Cela vaut-il la
peine qu'on en parle ?

INTRODUCTION

▌Situer le passage

La scène 10 de l'acte II met en place, immédiatement après l'affaire du portrait (II, 6-II, 9) celle du tableau. C'est la deuxième machination organisée par Dubois, destinée à faire éclater aux yeux de
tous l'amour de Dorante pour Araminte.

Cet extrait est précédé par l'arrivée d'Arlequin et de Dubois échan-
geant des injures, ce qui provoque la curiosité de Mme Argante.

▌Dégager des axes de lecture

Ce passage est fortement marqué par le comique. L'affrontement
public de Dubois et d'Arlequin est fondé sur un comique verbal, un
comique de caractère et un comique de situation. Par ailleurs, ce
texte est extrêmement révélateur de l'astuce et de la virtuosité de
Dubois dans l'agencement de l'intrigue.

PREMIER AXE DE LECTURE
LES PROCÉDÉS DU COMIQUE

On rencontre ici les types traditionnels de comique : le comique de
langage, le comique de caractère et le comique de situation.

▌Le comique de langage

Il est principalement le fait du mode d'expression d'Arlequin. Ce
personnage est issu de la tradition du valet bouffon, naïf et balourd
de la commedia dell'arte. De fait, Arlequin manie un langage assez

outrancier. Il multiplie les injures à l'égard de Dubois : «ostrogoth» (l. 9), «brutal» (l. 27), «animal» (l. 30). La défense de son maître, Dorante, est d'autant plus amusante qu'Arlequin avoue lui-même qu'il ne le sert que par intérêt bien compris : «Je soutiens les intérêts de mon maître, je tire des gages pour cela» (l. 8-9). Il dévoile donc ouvertement le motif et les limites de son dévouement.

D'autre part, Arlequin, en digne héritier du valet italien, emploie un langage très proche du corps et du désir : le tableau est tout à fait «gracieux» (l. 24) ; Dorante l'a «contemplé de tout son coeur» (l. 26-27) : ces deux expressions réfèrent à un plaisir des yeux très évident. La phrase : «il prend fantaisie à ce brutal de le priver d'une peinture qui réjouit cet honnête homme» (l. 27-28) manifeste elle aussi la présence du corps ; les termes indiquant une violence faite au désir («fantaisie», «priver») s'opposent au verbe «réjouit», qui connote la force du désir. Ce langage très proche du corps souligne la spontanéité d'Arlequin, qui n'a pas intégré le parler bienséant des maîtres.

Le comique de caractère

Il naît du portrait de personnages assez fixes dans leurs caractéristiques psychologiques et morales. C'est ici le cas d'Arlequin, caractérisé par sa naïveté et sa crédulité, confronté à Dubois, valet héritier d'un Scapin, habile et brillant, qui en tire habilement parti.

Dubois, issu de la tradition française du valet meneur d'intrigue, manie le langage avec ruse et intelligence. Il s'adresse immédiatement à Mme Argante sur un ton courtois, plein d'à-propos, et méprisant pour Arlequin : «Il y a une heure qu'il me dit mille invectives, Madame» (l. 6-7) ; le terme d'«invectives» appartient à un registre de langue soutenu. Au contraire, Arlequin ne s'adresse qu'incidemment à Mme Argante, mais répond immédiatement sur le mode injurieux. De plus, Arlequin, incapable d'expliquer le fond de la dispute, «demande justice à Madame» (l. 10-11) avant que celle-ci soit informée de la situation.

Arlequin répète ses menaces sur tous les tons, il est l'homme d'un seul mode de parole : «je le défie» (l. 14), «de quoi t'avises-tu» (l. 23). Dubois, en revanche, parle un langage posé devant les maîtres : «voici la cause de la dispute» (l. 16). Dubois donne toutes les explications directement à Mme Argante. Il emploie un langage châtié («il n'était point décent», l. 19) qui donne d'autant plus de poids au terme de «butor» (l. 20) désignant Arlequin. Au contraire, Arlequin répond en s'adressant à Dubois, en poursuivant la dispute («Prononce donc ce mot» (l. 4), «de quoi t'avises-tu», l. 23) et en ne prenant les maîtres à témoin qu'au détour d'une phrase : «Voyez la malice !» (l. 28). Enfin, Dubois modalise ses propos («j'ai cru que», l. 18 ; tournures impersonnelles), alors qu'Arlequin emploie un ton tranchant associé à l'impératif : «laisse-lui cette pièce, animal» (l. 29-30).

▋Le comique de situation

Il se caractérise par le rythme rapide de l'action et une intrigue très embrouillée, comportant de nombreuses péripéties.

Cette scène suit immédiatement l'affaire du portrait. Elle apporte donc un nouveau rebondissement à l'action. De plus elle est organisée savamment par Dubois, qui entretient le suspens. Rappelons qu'il vient de piquer la curiosité en affirmant : « Si je disais un mot, ton maître sortirait bien vite». Tout le thème de cet extrait est donc organisé autour de ce «mot» inconnu. Mais Dubois commence par éluder l'explication (l. 15-16). Puis il relance la complexité de l'intrigue par le récit circonstancié de l'affaire du tableau. Cela provoque les explications d'Arlequin, qui agissent comme un redoublement du coup de théâtre provoqué par le portrait.

Le comique vient d'une part de cette avalanche de révélations à propos de l'amour de Dorante ; il faut ici imaginer les réactions d'étonnement ou de gêne des maîtres. D'autre part le comique naît de la naïveté avec laquelle Arlequin expose aux yeux de tous l'objet du scandale, croyant bien faire : «Sans doute, de quoi t'avises-tu d'ôter ce tableau qui est tout à fait gracieux, que mon maître considérait il n'y avait qu'un moment, avec toute la satisfaction possible ?» (l. 23-26). La deuxième proposition relative crée un effet d'insistance, renforcé par les compléments de temps et de manière («il n'y a qu'un moment», «avec toute la satisfaction possible»).

Arlequin pense témoigner de bonne foi («Car je l'avais vu qui l'avait contemplé de tout son cœur», l. 26-27), mais les variations du thème du regard (« avais vu », « avait contemplé ») laissent deviner au spectateur une mise en scène organisée par Dubois et Dorante – Dorante se laissant volontairement surprendre dans sa « contemplation ». Cette supériorité du spectateur qui se réjouit de voir Mme Argante prise au piège que lui tendent Dubois et Dorante, alors même qu'elle croit détenir là le moyen de se débarrasser de Dorante, relève bien de l'essence du comique.

DEUXIÈME AXE DE LECTURE
LES RUSES DE DUBOIS

Tout ce passage repose sur la suprématie totale de Dubois, bâtisseur de l'intrigue et acteur de premier ordre.

Le valet d'intrigue

Toute la scène a été savamment aménagée par Dubois, sur le fondement de sa menace : « Si je disais un mot, ton maître sortirait bien vite ». Dans notre extrait, Mme Argante et Arlequin rebondissent sans cesse sur ce « mot », sans que Dubois consente à s'expliquer. Ce qui ménage un suspens constant.

Finalement, Dubois écarte complètement la réponse à l'énigme : « C'est par pure colère que j'ai fait cette menace, Madame, et voici la cause de la dispute » (l. 15-16), augmentant encore l'effet d'attente. Vient alors le récit des circonstances, dans lequel Dubois insiste très largement sur l'inconvenance de la situation : « j'ai cru qu'il fallait l'ôter, qu'il n'avait que faire là, qu'il n'était point décent qu'il y restât » (l. 18-20).

Le motif de ces trois affirmations est triple :
– le motif apparent est un souci sincère des bienséances, d'où l'emploi de tournures impersonnelles à valeur d'obligations (« il fallait », « il n'était point décent ») qui semblent affirmer une norme ;
– le premier but caché que, bien sûr, le spectateur perçoit, est de persuader les maîtres qu'il y avait réellement là une indécence ;
– le deuxième but inavoué est de pousser Arlequin à exposer publiquement le fond de cette indécence. On mesure donc bien à quel point la tactique de Dubois est précise et infaillible.

Un acteur hors pair

Ce qui fait de Dubois un acteur de premier ordre est donc son sens de l'intrigue, mais aussi le fait qu'il ne se départ jamais de son sang-froid : sa « colère » se manifeste toujours dans un discours construit, donc apte à captiver les auditeurs. Il sait jouer de tous les registres du sentiment : l'indignation, la bonne volonté. Son récit (l. 16-22) manifeste le désir de clarifier la situation ainsi que d'affirmer son dévouement (« j'ai cru qu'il fallait l'ôter », l. 18) et son respect envers les maîtres (« qu'il n'était point décent », l. 19 ; « Madame le voudra ainsi », l. 33).

Son double jeu est parfaitement au point : Dubois reste conforme à l'attitude qu'on attend d'un valet, c'est-à-dire celui qui est rapidement porté aux sentiments extrêmes. Mais cette violence ne s'exprime qu'en paroles très mesurées et châtiées : « peu s'en est fallu que nous ne nous soyons battus » (l. 21-22).

En même temps, son insistance sur l'objet du scandale (le tableau) est le meilleur moyen de susciter l'esclandre : « Et moi je te dis qu'on ne la laissera point » (l. 31). Dubois semble poursuivre la dispute et chercher à avoir le dessus par ses affirmations péremptoires au futur. En acteur consommé, il déclenche la gêne d'une Araminte sommée de répondre (le « Madame le voudra ainsi » [l. 33] s'adresse à elle). La réponse expéditive de la jeune femme (« Cela vaut-il la peine qu'on en parle ? », l. 36-37) montre assez son malaise et sa volonté d'étouffer l'affaire.

CONCLUSION

Cet extrait, fondé sur la dispute sciemment organisée par Dubois et destinée à susciter le scandale, est un des rares moments de vrai comique. Dubois y déploie sa virtuosité de meneur d'intrigue et d'acteur, dans une action dramatique pleine de rebondissements.

ARAMINTE *baisse les yeux et continue.* — Mais votre conduite blesse la raison. Que prétendez-vous avec cet amour pour une personne qui ne saura jamais que vous l'aimez ? Cela est bien bizarre. Que prétendez-vous ?

5   DORANTE. — Le plaisir de la voir quelquefois, et d'être avec elle, est tout ce que je me propose.

ARAMINTE. — Avec elle ! Oubliez-vous que vous êtes ici ?

DORANTE. — Je veux dire avec son portrait, quand je ne la vois point.

10   ARAMINTE. — Son portrait ! Est-ce que vous l'avez fait faire ?

DORANTE. — Non, Madame ; mais j'ai, par amusement, appris à peindre, et je l'ai peinte moi-même. Je me serais privé de son portrait, si je n'avais pu l'avoir que par le

15   secours d'un autre.

ARAMINTE, *à part.* — Il faut le pousser à bout. (*Haut*). Montrez-moi ce portrait.

DORANTE. — Daignez m'en dispenser, Madame ; quoique mon amour soit sans espérance, je n'en dois pas moins un

20   secret inviolable à l'objet aimé.

ARAMINTE. — Il m'en est tombé un par hasard entre les mains ; on l'a trouvé ici. *(Montrant la boîte.)* Voyez si ce ne serait point celui dont il s'agit.

DORANTE. — Cela ne se peut pas.

25   ARAMINTE, *ouvrant la boîte.* – Il est vrai que la chose serait assez extraordinaire : examinez.

DORANTE. — Ah ! Madame, songez que j'aurais perdu mille fois la vie, avant d'avouer ce que le hasard vous découvre. Comment pourrai-je expier ?... *(Il se jette à ses*

30   *genoux).*

ARAMINTE. — Dorante, je ne me fâcherai point. Votre

égarement me fait pitié. Revenez-en, je vous le pardonne.

MARTON *paraît et s'enfuit.* — Ah ! *(Dorante se lève vite.)*

ARAMINTE. — Ah ciel ! c'est Marton ! Elle vous a vu.

35 DORANTE, *feignant d'être déconcerté.* — Non, Madame, non, je ne crois pas. Elle n'est point entrée.

ARAMINTE. — Elle vous a vu, vous dis-je ; laissez-moi, allez-vous-en : vous m'êtes insupportable. Rendez-moi ma lettre. *(Quand il est parti.)* Voilà pourtant ce que c'est que de

40 l'avoir gardé !

INTRODUCTION

Situer le passage

Après l'affaire du portrait (II, 9) et celle du tableau (II, 10), Araminte tend un piège à Dorante pour l'amener à se déclarer. Mais il se révèle inefficace (II, 13). Marton déclare ensuite officiellement son désir d'épouser Dorante (II, 14), ce qui pousse Araminte, à la scène 15, à demander à Dorante des éclaircissements au sujet de cet amour. Peu à peu, Araminte conduit Dorante vers l'aveu amoureux. Cette scène est donc centrale puisqu'elle est la première des deux scènes de reconnaissance amoureuse.

Dégager des axes de lecture

Un premier axe sera l'occasion d'étudier les procédés de la venue au jour de l'aveu amoureux. Un second axe de lecture nous conduira à analyser la fausse surprise de l'amour.

PREMIER AXE DE LECTURE
L'AVEU AMOUREUX

L'aveu se fait au fil d'un dialogue où chacun des deux personnages adopte un mode de parole singulier. Araminte s'exprime sur un mode rationnel, assez autoritaire et conforme à son rang social. Elle mène donc la scène et le dialogue à sa guise. Dorante, lui, adopte un ton passionné, lyrique et soumis.

Le discours rationnel d'Araminte

Araminte est avant tout désireuse d'entendre Dorante lui avouer directement son amour. Son discours se caractérise par un effort constant de logique et de cohérence. C'est pourquoi il ne cesse de reprendre, en le rectifiant, celui de Dorante.

Araminte commence ainsi la première réplique du passage par une objection à l'affirmation précédente de Dorante («mon respect me condamne au silence») : «Mais votre conduite blesse la raison» (l. 1-2). Le connecteur argumentatif *mais* suppose une volonté de percer à jour le mystère qui entoure Dorante.

Sa question : «Que prétendez-vous», répétée deux fois (l. 2 et 4), souligne le caractère pragmatique de son attitude : l'amour doit amener un résultat : «Que prétendez-vous avec cet amour pour une personne qui ne saura jamais que vous l'aimez ?» (l. 2-3). La proposition relative met clairement en évidence le côté absurde, dépourvu de sens, de cet amour qui ne cherche pas à se concrétiser. Araminte démonte le fonctionnement de ce sentiment à l'allure si romanesque et dont la consommation est seconde.

La réponse de Dorante («Le plaisir [...] d'être avec elle», l. 5-6) suscite immédiatement une autre réfutation d'Araminte : «Avec elle ! Oubliez-vous que vous êtes ici ?» (l. 7). Araminte reprend sur le ton de l'étonnement (marqué par l'exclamation «Avec elle !») les paroles de Dorante. Elle en démontre encore une fois l'incohérence en rappelant Dorante à sa condition actuelle d'intendant de sa maison («ici»).

Son discours suit donc une logique contrastant de manière frappante avec celle de Dorante. Destinée à le pousser à se dévoiler, cette logique dévoile en même temps chez Araminte une conception de l'amour antithétique de celle de Dorante : logique bourgeoise contre incohérence de la passion.

Le discours autoritaire

Les propos d'Araminte sont le plus souvent tenus à l'impératif : «Montrez-moi ce portrait» (l. 17) ; «Voyez» (l. 22) ; «Examinez» (l. 26) ; «revenez-en» (l. 32). Une fois l'aveu fait, ce ton autoritaire ne disparaît pas : «Revenez-en, je vous le pardonne» (l. 32). Le pardon sonne comme une grâce accordée par la femme découvrant l'amour, mais aussi bien par la maîtresse flattée par l'attitude de son intendant. Les deux identités, celle de la femme et celle de la riche bourgeoise, sont indissociables l'une de l'autre.

D'ailleurs, une fois découverte, Araminte retrouve immédiatement un ton impérieux n'admettant aucune contestation : «allez vous-en» (l. 38), «Rendez-moi ma lettre» (l. 38-39) – deux ordres peu amènes qui renvoient Dorante à sa condition de serviteur.

▌Le lyrisme de la passion

Le lyrisme se caractérise par l'insistance sur les plaisirs et les souffrances de l'amour. Dorante exprime sa passion de manière lyrique :
– Il insiste une première fois sur le lien unissant ces deux notions dans ses premières répliques, qui mêlent toujours intimement ces deux sentiments : «Le plaisir de la voir quelquefois, et d'être avec elle, est tout ce que je me propose» (l. 5-6) ; sa réplique débute par le terme de «plaisir», mais la restriction exprimée par l'adverbe «quelquefois» et le pronom «tout» suivi du relatif suggère le grand renoncement dont fait preuve Dorante.
– Une deuxième affirmation unit ces deux notions : «Je me serais privé de son portrait, si je n'avais pu l'avoir que par le secours d'un autre» (l. 13-15) ; la subordonnée conditionnelle («si je n'avais pu l'avoir que») indique le caractère extrême de la passion de Dorante, prêt à tout endurer.
– Enfin, la subordonnée de concession : «quoique mon amour soit sans espérance» (l. 18-19) est le point culminant de l'expression de l'abnégation.

Le langage de Dorante est également imagé puisque «être avec elle» (l. 5-6) signifie être «avec son portrait». Il s'agit-là d'une métonymie[1] qui fait du langage de Dorante un langage précieux, c'est-à-

---

1. *Métonymie* : figure de style instaurant un rapport de contiguïté entre deux choses ; ici, il existe un rapport de contiguïté entre le portrait de la femme aimée et la femme elle-même.

dire doté d'un certain raffinement, d'une certaine affectation dans les manières. Ce langage rattache Dorante à la tradition du roman précieux, d'autant plus que le motif du portrait de l'être aimé est récurrent dans les romans du XVIIe siècle (la présence du portrait de la dame, son prêt, son vol, etc.).

DEUXIÈME AXE DE LECTURE
LA FAUSSE SURPRISE DE L'AMOUR

Ce passage, dans lequel Araminte pousse Dorante à se déclarer, est fondé sur un malentendu. Araminte ignore que Dorante sait qu'elle connaît son amour. Elle apparaît donc, au fond, comme la dupe de Dorante, ce qui ôte à la surprise de l'amour une part de son authenticité.

▌Araminte dupe de Dorante

Le fait qu'Araminte mène la scène et incite Dorante à se dévoiler masque finalement le véritable sens de la scène : cette scène est un jeu dont Dorante connaît l'issue. Il sait qu'Araminte veut l'amener vers l'aveu. Chacune de ses paroles est donc apparemment sincère, alors qu'en réalité il manipule Araminte à son insu.

La didascalie qui ouvre le passage (« *Araminte baisse les yeux et continue* ») montre que les compliments de Dorante ont fait leur effet. Sous couvert de parler d'une inconnue, Dorante flatte en réalité Araminte et joue le rôle de l'amoureux parfaitement désintéressé. Les spectateurs vont donc se livrer à un travail de décryptage :
– Ainsi, lorsque Dorante affirme que son seul but est « le plaisir de la voir quelquefois » (l. 5), il ment puisqu'il est chez Araminte pour obtenir de l'épouser (voir I, 2). Et le public le sait. La dissimulation est donc partie intégrante de sa stratégie.
– Ensuite, Dorante ne parle du portrait que parce qu'il sait bien qu'Araminte l'a en sa possession. Il s'agit là, en fait, du meilleur moyen de gagner son cœur en lui offrant l'image flatteuse et attendrissante d'un amant tout entier abandonné à la représentation de la femme aimée. De sorte que son aveu, apparemment désintéressé, revient à faire l'éloge

de l'authenticité de son amour devant Araminte : «je l'ai peinte moi-même» (l. 13). En outre, sa volonté de garder le «secret» est finalement une feinte offrant de lui l'image du parfait honnête homme.

Le théâtre dans le théâtre

L'originalité de ce passage réside dans la dissimulation des deux personnages, qui se jouent l'un à l'autre la comédie. De sorte que c'est à une véritable séquence de théâtre dans le théâtre que nous avons affaire, avec coup de théâtre et péripétie finale.

Le passage repose sur un faux coup de théâtre, parfaitement agencé en fait par Dorante et Dubois. Araminte croit confondre Dorante en lui présentant le portrait et en le forçant à se déclarer. En réalité, c'est Dorante qui parvient à faire sa déclaration officiellement sans se faire repousser.

La déclaration de Dorante est d'abord provoquée par Araminte qui en vient peu à peu à l'objet de la discussion en excellente actrice. L'expression « Il m'en est tombé un par hasard entre les mains » (l. 21-22) semble présenter la découverte du portrait avec indifférence, grâce à la tournure impersonnelle et à la locution «par hasard», qui laissent entendre qu'Araminte n'a joué aucun rôle dans l'affaire. Ce que le spectateur sait être faux (voir II, 9), puisqu'elle avait manifesté beaucoup d'empressement à savoir qui était la femme du portrait.

Araminte ménage ensuite le suspens en deux temps indiqués par les didascalies : *Montrant la boîte* (l. 22), «*ouvrant la boîte*» (l. 25). L'usage du conditionnel («si ce ne serait point», «la chose serait assez extraordinaire», l. 22-26) est au service de la comédie qu'elle joue : elle feint jusqu'au bout de douter, afin de surprendre Dorante.

Le moment du retournement de la situation, lorsque Dorante «se jette à ses genoux» (l. 29-30), ne consacre pas, comme elle le pense, la victoire d'Araminte, mais celle de Dorante. Celui-ci joue parfaitement la comédie, fidèle à son rôle d'amant soumis et discret : «Comment pourrai-je expier ?...» (l. 29). Cette hyperbole, à tonalité tragique, ainsi que la génuflexion, qui n'est plus guère usitée à l'époque, restent conformes au rôle de Dorante, personnage romanesque échappant à l'univers bourgeois dont Araminte et lui sont issus.

Ce faux coup de théâtre est suivi d'une péripétie finale, l'arrivée impromptue de Marton, qui met en évidence la duplicité de Dorante et la manipulation d'Araminte. Les deux didascalies montrent que Dorante continue à jouer son rôle. La première, «*Dorante se lève vite*» (l. 33), indique qu'il joue toujours à l'amant réservé et pudique. La seconde, «*feignant d'être déconcerté*» (l. 35), révèle clairement son double jeu, ainsi d'ailleurs que sa vaine tentative pour rassurer Araminte : «Non, Madame, non, je ne crois pas» (l. 35-36). En effet, il a bel et bien vu Marton et feint la confusion et le doute.

La colère d'Araminte dans sa dernière réplique résulte de son absence totale de maîtrise de la situation, et de sa surprise d'avoir été découverte : «Elle vous a vu, vous dis-je ; laissez-moi» (l. 37).

CONCLUSION

Si Araminte paraît mener le dialogue dans ce passage, c'est en réalité un leurre que le spectateur perçoit parfaitement. Cette scène est construite comme une scène de théâtre dans le théâtre, dans laquelle chacun des personnages joue un rôle : d'un côté, Araminte est manipulée par Dorante, alors qu'elle croit le dominer ; de l'autre, le spectateur, lui, perçoit clairement que les péripéties résultent de la collaboration entre Dubois et Dorante, et que Dorante feint à merveille d'être forcé à se découvrir. Cette extrême manipulation d'Araminte confère à la scène une tonalité plus proche du drame que de la comédie.

LE COMTE *lit*. — On a soupçonné que ce portrait m'appartenait ; ainsi, je pense qu'on va tout découvrir, et qu'avec le chagrin d'être renvoyé et de perdre le plaisir de voir tous les jours celle que j'adore...

5 MADAME ARGANTE. — Que j'adore ! Ah ! Que j'adore !

LE COMTE *lit*. — J'aurai encore celui d'être méprisé d'elle.

MADAME ARGANTE. — Je crois qu'il n'a pas mal deviné celui-là, ma fille.

LE COMTE *lit*. — Non pas à cause de la médiocrité de ma
10 fortune, sorte de mépris dont je n'oserais la croire capable...

MADAME ARGANTE. — Eh ! Pourquoi non ?

LE COMTE *lit*. – Mais seulement du peu que je vaux auprès d'elle, tout honoré que je suis de l'estime de tant d'honnêtes gens.

15 MADAME ARGANTE. — Et en vertu de quoi l'estiment-ils tant ?

LE COMTE *lit*. — Auquel cas je n'ai plus que faire à Paris. Vous êtes à la veille de vous embarquer, et je suis déterminé à vous suivre.

20 MADAME ARGANTE. — Bon voyage au galant.

MONSIEUR REMY. — Le beau motif d'embarquement !

MADAME ARGANTE. — Eh bien ! en avez-vous le cœur net, ma fille ?

LE COMTE. — L'éclaircissement m'en paraît complet.

25 ARAMINTE, *à Dorante*. — Quoi ! Cette lettre n'est pas d'une écriture contrefaite ? Vous ne la niez point ?

DORANTE. — Madame...

ARAMINTE. — Retirez-vous.

Dorante sort.

MONSIEUR REMY. — Eh bien ! Quoi ? C'est de l'amour
30 qu'il a ; ce n'est pas d'aujourd'hui que les belles personnes en

donnent et, tel que vous le voyez, il n'en a pas pris pour toutes celles qui auraient bien voulu lui en donner. Cet amour-là lui coûte quinze mille livres de rente, sans comp-

35 ter les mers qu'il veut courir ; voilà le mal ; car au reste, s'il était riche, le personnage en vaudrait bien un autre ; il pourrait bien dire qu'il adore. *(Contrefaisant Madame Argante.)* Et cela ne serait point si ridicule. Accommodez-vous, au reste ; je suis votre serviteur, Madame.

Il sort.

INTRODUCTION

Situer le passage

La scène 8 de l'acte III est la conclusion de la scène 3 de l'acte III, dans laquelle Dubois a convaincu Marton de subtiliser à Arlequin la lettre de Dorante. C'est dans cette scène qu'intervient la dernière machination de Dubois : la fausse lettre de Dorante. Marton révèle publiquement l'existence de la lettre, en pensant qu'elle servira à faire renvoyer définitivement l'intendant. Elle demande au Comte de la lire à haute voix.

Dégager des axes de lecture

Cette lettre produit un nouveau coup de théâtre puisque l'aveu des sentiments de Dorante est fait publiquement et que cette révélation va changer la situation des personnages. Nous étudierons donc, dans un premier temps, les procédés du coup de théâtre et, dans un second temps, nous en analyserons les effets sur l'action et les personnages.

PREMIER AXE DE LECTURE
LES PROCÉDÉS DU COUP DE THÉÂTRE

L'intérêt de cette scène de révélation réside dans sa construction : en effet, c'est la voix de Dorante qui se fait entendre, mais par l'intermédiaire du Comte. Cette voix est conforme à la stratégie élaborée par Dubois et Dorante : la lettre est truffée de *topoi* relevant de la tradition romanesque. Le comique de la situation vient du fait que la lecture en est rythmée par les commentaires furieux et railleurs de Mme Argante.

La double voix

C'est le Comte qui lit la lettre de Dorante. Alors que le vocabulaire en est solennel et emphatique, la lecture publique de la lettre par le rival de Dorante crée, chez le spectateur, un effet de recul critique vis-à-vis de ses termes.

La lecture publique de cette lettre intime permet en même temps de mettre en scène l'amour de Dorante. Il y a une certaine logique à la faire lire par le Comte. Celui-ci est le concurrent de Dorante : il y a donc un effet de vraisemblance à lui faire tenir des propos amoureux. En outre, à son titre de noblesse fait écho la noblesse de cœur dont fait preuve Dorante par son beau langage et son renoncement. En un sens, la tournure de la lettre est donc, malgré les moqueries de Mme Argante, mise en valeur par la lecture du Comte.

La phrase écrite par Dorante s'étire et se prolonge, dans une construction très complexe (deux complétives pour la première partie) où affleurent des termes très romanesques : «découvrir», «chagrin», «plaisir», «adore» (l. 1-4).

L'opposition des voix : Dorante et Mme Argante

Mme Argante ne cesse de couper la parole au Comte pour commenter à haute voix les expressions les plus romanesques de Dorante. L'antagonisme entre les deux modes de parole met en évidence le clivage opposant les deux personnages, tandis que les coupures permanentes créent un effet de suspens.

La coupure peut se faire par une reprise sur un ton ironique des mots mêmes de Dorante :«Que j'adore ! Ah ! Que j'adore !» (l. 5). La répétition, entrecoupée par l'interjection, suppose une intention très sarcastique : Mme Argante souligne le caractère excessif du langage de Dorante. Suivent deux interruptions sur le mode interrogatif qui remettent en cause les paroles de Dorante :
– la première répond aux propos de Dorante sur l'impossibilité

qu'Araminte le méprise. Par sa réponse, Mme Argante prête à sa fille son propre mépris à l'endroit de Dorante : «Eh ! pourquoi non ?» (l. 11) ; – la deuxième question est comique par son caractère suspicieux : «Et en vertu de quoi l'estiment-ils tant ?» (l. 15-16). Mme Argante demande donc une preuve de la valeur de Dorante. Elle ne se laisse pas prendre au piège des belles phrases et s'inscrit en faux contre la logique romanesque qui confère au héros sa valeur par ses actes d'abnégation et de courage. Pour Mme Argante, l'estime est avant tout une affaire d'argent, non de beaux mots ou de belles actions.

Enfin, Mme Argante commente sur le mode parodique la fin de la lettre : «Bon voyage au galant» (l. 20). L'expression «bon voyage» indique son absence totale de pitié et sa satisfaction. Cette expression associée au terme précieux de «galant», employé ici ironiquement, ramène le *topos* de l'«embarquement» à un événement banal.

DEUXIÈME AXE DE LECTURE : LES EFFETS DU COUP DE THÉÂTRE

La réaction de M. Remy est en partie dictée par son amour de l'argent, et en partie par une attitude très paternelle. Celle d'Araminte traduit son malaise.

La « sortie » de M. Remy

Le terme de «sortie» est à prendre ici au double sens de mouvement de départ hors d'un lieu – ici la scène – et d'attaque verbale. Avant de quitter les lieux, M. Remy formule en effet une critique envers son neveu tout en prenant sa défense, et règle son compte à Mme Argante. Il joue donc un rôle essentiel.

Dans sa première réplique, M. Remy fait écho à la remarque railleuse de Mme Argante par une repartie très ironique : «Le beau motif d'embarquement !» (l. 21). Cette exclamation est une antiphrase, figure de style consistant à dire l'inverse de ce que l'on veut exprimer et faire comprendre.

En même temps, face à Araminte et à Mme Argante, il n'hésite pas à prendre fait et cause pour Dorante. Devant Araminte, non seulement il justifie son neveu d'un ton assez vif («Eh bien quoi ? c'est de l'amour qu'il a», l. 29-30), mais il le valorise expressément : «il n'en a pas pris [de l'amour] pour toutes celles qui auraient voulu lui en donner» (l. 31-32). De plus, M. Remy termine son discours par une remise en question du jugement et des catégories de la société : «s'il était riche, le personnage en vaudrait bien un autre» (l. 35-36). Et son imitation finale (didascalie de la ligne 37) ainsi que sa sortie montrent assez combien il soutient son neveu contre le «Retirez-vous» (l. 28) péremptoire d'Araminte.

La déception d'Araminte

Araminte ne se manifeste qu'avec deux répliques qui marquent la force de ses sentiments. Et d'abord sa surprise devant la soudaineté des événements : «Vous ne la niez point ?» (l. 26), laissant entendre par là sa déception de voir encore une fois les événements lui échapper. Elle avait pardonné à Dorante ses aveux (II, 15), ce qui sous-entendait un désir de le garder près d'elle. Or elle apprend par d'autres et en public une décision dont il ne lui a pas parlé. Il n'y a donc jamais d'espace d'intimité possible entre eux. Araminte est encore, sans le savoir, victime de la machination de Dubois et Dorante.

Son ordre, «Retirez-vous» (l. 28), est conforme aux bienséances. Elle ne peut entamer publiquement avec son intendant une discussion sur l'amour. Mais la fin de la scène la montre peu disposée à prendre une décision, incertaine et mal à l'aise. Le coup a porté.

CONCLUSION

Malgré la charge comique de ce passage, due aux interventions burlesques de M. Remy et de Mme Argante, l'impression finale, une fois encore, est celle de malaise. Impression due en particulier au caractère public de la stratégie choisie par Dubois et Dorante : l'aveu public de son amour par Dorante revient à empêcher Araminte de se préserver avec celui-ci un espace d'intimité propice à la découverte et à la reconnaissance progressive de l'amour. Celle-ci lui est, au contraire, presque extorquée.

Bibliographie

SUR LA VIE ET L'ŒUVRE DE MARIVAUX

- BÉNAC Karine, *Marivaux*, Paris, Éd. Ellipses, 1999.
- GAZAGNE Paul, *Marivaux par lui-même*, Paris, Éd. du Seuil, 1971.
- GILOT Michel, *L'Esthétique de Marivaux*, Paris, SEDES, 1998.

SUR LE THÉÂTRE DE MARIVAUX

- PAVIS Patrice, *Marivaux à l'épreuve de la scène*, Paris, Publications de la Sorbonne, 1986.
- SANAKER John-Kristian, *Le Discours mal apprivoisé : essai sur le dialogue de Marivaux*, Paris, Éd. Didier Érudition ; Oslo, Éd. Solum Forlag, 1987.

SUR « LES FAUSSES CONFIDENCES »

- *Analyses et réflexions sur Marivaux. «Les Fausses Confidences». L'Être et le paraître*, Éd. Ellipses, coll. «Marketing»,1987. Ouvrage collectif.
- BORIAUD Jean-Yves, « Les jeux de l'être et du paraître dans *Les Fausses Confidences* », *L'Information littéraire*, janvier-février 1988, p. 16-19.
- CLAISSE Monique, « Approches du discours - Formes et variations dans *Les Fausses Confidences* », *Revue Marivaux,* n°1, 1990, p. 17-25.
- DÉMORIS René, *Les Fausses Confidences de Marivaux. L'Être et le Paraître*, Paris, Éd. Belin, 1987. Ouvrage de référence sur la pièce et sur l'ensemble du théâtre de Marivaux. Notre analyse s'en inspire largement.
- DORT Bernard, « Le tourniquet de Marivaux », *Cahiers du Studio-Théâtre*, n°16, octobre 1979.
- PAVIS Patrice, « L'espace des *Fausses Confidences* et les fausses confidences de l'espace », *Organon*, Presses de l'université de Lyon, 1980 ; repris dans *Voix et images de la scène*, Presses universitaires de Lille, 1982 et 1985.
- SCHÉRER Jacques, « Analyse et mécanisme des *Fausses Confidences*», *Cahiers de la Companie Renaud-Barrault*, n° XXVIII, janvier 1960, p. 11-19.
- TISSIER André, *Les Fausses Confidences de Marivaux. Analyse d'un «jeu» de l'amour*, Paris, SEDES, 1976.

Index

Guide pour la recherche des idées

Conflits

Désir

Espace

Être et paraître

Héros

Intrigue

Maîtres

Marivaudage

Mensonge

Noblesse

Suivante

Valets

Les références renvoient aux pages du Profil.

Bussière Camedan Imprimeries
à Saint-Amand (Cher), France.
Dépôt légal : octobre 1999. N° d'édit. : 17727. N° d'imp. : 994093/1.